Tips para apoyar a tus **hijos** en edad escolar

Tips para apoyar a tus **hijos** en edad escolar

nueva IMAGEN
colectivo editorial

Dirección editorial: Tomás García Cerezo
Editor responsable: Jesús Garduño Lamadrid

Título original de la obra: *Tips para apoyar a tus hijos en edad escolar*
© 2014, Yanitza Pérez y Pérez, Rosamary Ruiz González y Estrella Calva Gómez

Tipografía y formación: Ma. Eugenia Blanco Cabello
Corrección de estilo: Alfredo Rivera Ayala
Diseño de interiores: Alexandro Portales Padilla
Diseño de portada: Nice Montaño Kunze

Tips para apoyar a tus hijos
en edad escolar
Derechos reservados:
© 2014, G.E.P., S.A. de C.V.,
bajo el sello de NUEVA IMAGEN
Renacimiento 180, Colonia San Juan Tlihuaca,
Delegación Azcapotzalco, C.P. 02400, México, D.F.

Miembro de la Cámara Nacional de la Industria Editorial Mexicana
Registro núm. 43

ISBN: 978-607-744-040-6

Impreso en México
Printed in Mexico

Primera edición, octubre 2014

Este libro se terminó de imprimir en el mes de julio de 2014,
en Corporativo Prográfico S.A. de C.V. Calle Dos No. 257, Bodega 4,
Col. Granjas San Antonio, C.P. 09070, Del. Iztapalapa, México D.F.

Índice

Prólogo

Los padres de hoy tenemos frente a nosotros el reto de educar a nuestros hijos en medio de este mundo tan cambiante, donde todo pasa a gran velocidad, o casi todo, porque por fortuna lo esencial de la vida sigue su proceso a su propio ritmo: los hijos aprenden a relacionarse a partir de los vínculos que establecen con sus padres, enfrentan conflictos a partir de lo que observan en sus papás, manifiestan lo que sienten a través del lenguaje afectivo que les inculcan sus padres, se comunican de formas que imitan en casa, aprenden a aceptarse, a autovalorarse, a hacerse independientes y a responsabilizarse de sus actos, a un ritmo que nada tiene que ver con el vértigo del mundo actual que nos abruma.

No es posible automatizar estos procesos para aprenderlos en un abrir y cerrar de ojos.

La gran incógnita que aparece ante nosotros es: ¿cómo aprendemos a ser padres? Las respuestas pueden ser variadas. A veces a tropezones; otras, sacando algo de lo aprendido de nuestros propios papás, y algunos más, por ensayo y error; incluso hay quienes desafortunadamente se desentienden de esta tarea y creen que pueden compensarla comprando artículos, juguetes, tecnología o ropa para sus hijos; otros más se aplican y buscan maneras de trabajar en ellos mismos para ofrecerles a sus pequeños lo mejor que tienen.

El hecho es que esta tarea no termina. Cada nueva etapa de la vida de nuestros hijos nos coloca como padres en una nueva etapa de aprendizaje; no hay un manual, ni algún instructivo que nos diga qué hacer cuando pasa tal o cual cosa. Encontramos en el camino voces experimentadas de otros padres que han caminado por la misma senda antes que nosotros, o voces de profesionales en el ámbito de la educación o de la psicología que nos comparten sus experiencias y nos pueden ayudar.

Este libro es una mezcla de las voces de profesionales y madres que se han reunido a hablar sobre situaciones por las que atraviesan sus hijos en edad escolar y lo que en ese sentido conviene conocer para estar informados.

No hay un estilo único para aprender cómo enseñar a nuestros hijos todo lo que deseamos que aprendan, corrijan o mejoren. Tampoco hay padres perfectos, por fortuna para los hijos; ellos no necesitan nuestra perfección, sino que los acompañemos en su camino y que mientras están con nosotros les enseñemos lo que sabemos, pero sobre todo, lo que más necesitan es que los amemos con todo el amor que seamos capaces de desplegar.

Sin embargo, a veces ese gran amor no resuelve nuestras dudas con respecto a lo que más conviene a nuestro hijo, o no nos muestra la solución que debemos dar a algún conflicto que estemos enfrentando, de manera que necesitamos un apoyo extra.

Este libro pretende ser ese apoyo para aquellos momentos de desconcierto o incertidumbre, cuando es necesario hacer una pausa, tomar aire, recibir orientación y, sobre todo, abrir una ventanita a la esperanza de salir adelante sin perder de vista lo más importante: la relación con nuestros hijos.

Sea que enfrenten o no un problema de aprendizaje, o que la hora de hacer la tarea se convierta en la "hora del terror", o que algún problema de *bullying* escolar los esté atrapando, o que sencillamente estén tristes y no tengan amigos para jugar en el recreo, o no logren aprender a leer o a escribir tan rápido como los otros niños de su salón, o se convierta en un problema no haber sacado 10 en el examen, en fin, cualquiera que sea la situación por la que atraviese tu hijo, será importante recordar que por encima de todo, tu amor es incondicional y que tú eres el adulto, aquel de quien tu hijo espera recibir la ayuda necesaria ante cualquier situación.

Las páginas de este libro son para leerse desde la silla del grande, la silla del papá; esperamos que lo que en ellas encontrarás te sea útil y que lo puedas poner en práctica con tu hijo.

PRÓLOGO

Más que una guía en sí misma, ésta es una manera de acompañarte en el camino por el que transitas: el de ser mamá o papá.

La obra es resultado de varios años de trabajo acompañando a padres de familia, dándoles pláticas sobre los temas aquí expuestos, luego de que muchos de ellos se acercan a nosotras con la firme intención de encontrar maneras de apoyar a sus hijos, por la incertidumbre de no saber cómo hacerlo. Aquí les ofrecemos una serie de ideas o *tips* prácticos que pueden aplicar desde hoy mismo y que, seguramente, de acuerdo con el momento que atraviesen con cada uno de sus hijos, podrán retomar siempre que sea necesario. Esperamos que al terminar de leer cada capítulo traten de aplicar algo, así sea una sola cosa, la que más les haya gustado, porque así podrán ir acompañando a sus hijos en esa difícil "tarea" de ir a la escuela cada día.

Capítulo 1

¿POR QUÉ NO APRENDE MI HIJO?

¿Cómo saber si mi hijo presenta algún problema para aprender?

Para iniciar este tema te invitamos a realizar el siguiente ejercicio a modo de reflexión:

Imagina que una persona muy especial y querida por ti te pidió la noche anterior, que al día siguiente lleves a otra ciudad cercana un documento importante, pues él (o ella) no puede hacerlo por motivos de salud; incluso te dice que si no lo entregas a más tardar a las 12:00 del día, podría perder su trabajo. Te pregunta en un tono un tanto comprometedor si puedes ayudarlo con ese gran favor, pues sabe que puede confiar en ti en momentos como ése.

¿Qué le dirías? Es muy probable que tu respuesta sea afirmativa y que tu "sí" se vea motivado por el cariño, por el compromiso, o por ambos al mismo tiempo.

Buscas la manera de organizar tus actividades del día siguiente para hacer el favor que te encargaron y planeas algunas estrategias para dejar todo en orden y poder llegar antes de las 12:00 del día a esa ciudad cercana a entregar tan importante documento.

Todo parece acomodarse a la perfección hasta que recibes la llamada de la vecina a quien habías encargado que llevara a tus hijos a la escuela esa mañana. Llamó temprano para decirte que se le presentó un problema y que no podrá llevarlos, así que, como aún tienes tiempo, agilizas tu salida de la casa y dejas a tus hijos en la escuela. Al llegar, te encuentras con la directora, quien se acerca a ti y te comenta que necesita hablar contigo por algún contratiempo con la documentación de tus hijos. Te dice que de no arreglarlo ese mismo día podrían darlos de baja, así que te sientas a esperar a que termine la ceremonia de honores a la bandera para que la directora te explique lo que sucede. Resulta que el apellido de tus hijos está mal escrito y necesita una copia de cada acta de nacimiento para llevarlas ese mismo día a la inspección escolar. No hay nadie en tu casa y tienes que regresarte a buscarlas tú mismo; las llevas a la escuela lo más rápido que puedes y las entregas.

¿Cómo te vas sintiendo hasta ese momento? Ahora tienes el tiempo justo para lo que tienes que hacer; consideras que si te das prisa, lograrás llegar antes de las 12:00 a entregar el documento.

¿Qué harás para llegar a tiempo a la terminal de autobuses? ¿Tomar un taxi? ¿Llamar a alguien para que te lleve? ¿Qué se te ocurre? El tiempo sigue corriendo.

Al llegar a la terminal compras el último boleto disponible, te subes al camión y al salir de la terminal encuentras la escena de la fotografía.

¿Qué sientes? No te queda más que permanecer en el autobús hasta que finalmente llegas a tu destino para entregar el documento… ¡15 minutos después de la hora señalada! Encuentras todo cerrado, y no hay nadie que pueda testificar que estuviste ahí o que te pueda dar informes. ¡Nada!

Regresas derrotado a casa y, al entrar, encuentras a la persona especial y muy querida por ti esperándote en la sala. Observa el sobre que te había dado y comprende enseguida que no pudiste entregarlo.

¿Cómo te sientes frente a esa persona?

Esta reflexión es para llevarte de la mano por el recorrido que hacen tus hijos. Tú eres esa persona especial a la que quieren mucho. Y el encargo es que logren un buen rendimiento escolar. Sin embargo, aunque muchas veces ellos hacen lo posible por alcanzar esa meta, las cosas se les van complicando en el camino. El aprendizaje no fluye como ellos desearían a pesar de los esfuerzos que hacen por lograrlo.

Se sienten como "atorados" en medio del tráfico sin poder hacer nada para mejorar la situación. No pueden aprender como tú quisieras que lo hicieran, y las dificultades escolares los dejan detenidos, sin poder ir para atrás ni para adelante. ¿Crees que sea su culpa? ¿Imaginas cómo se sienten ante ti?

Hoy sabes que tú eres esa persona especial y muy querida para ellos. ¿Qué harás al respecto?

¿Cómo aprendemos?

En los últimos veinte años, las teorías del procesamiento de la información se han convertido en la principal estrategia para estudiar el desarrollo cognoscitivo del niño. Tales teorías concluyen que:

1. La información llega al cerebro por medio de nuestros sentidos. Cada uno de ellos nos ayuda a captar la información que viene del exterior.

2. Una vez que la información llega debe ser procesada, y en ello intervienen muchas conexiones nerviosas; si eso no ocurre de manera adecuada, a pesar de recibir la información, ésta no será asimilada.

3. La memoria a corto plazo nos ayuda a recordar aquello que acaba de suceder; por ejemplo, es la que usamos al hacer un dictado o copiar

del pizarrón, pero posiblemente en la tarde ya hayamos olvidado esos sucesos.

4. La memoria de largo plazo es la que permite recuperar información de sucesos ocurridos hace mucho tiempo y esto se facilita cuando los aprendizajes son significativos, como recordar eventos históricos.

5. La recuperación es la parte más importante del aprendizaje, pues es la que nos permite usarlo en el momento que es necesario; por ejemplo, voy al mercado y puedo leer las ofertas, sumar, multiplicar o dividir para comprar.

¿Qué es un problema para aprender?

Tomando como referencia la Teoría del Procesamiento de la Información, los problemas para aprender serían los que están en el primer nivel y no permiten que la información llegue de manera adecuada al cerebro para ser procesada. Dentro de éstos se encuentran los siguientes:

Problemas auditivos: Un niño que no escucha bien no va a recibir la información completa y es propenso a distraerse con facilidad. Es importante estar alertas a algunos indicadores que pueden evidenciar este problema; por ejemplo, si un niño se acerca mucho a nosotros cuando estamos hablando, o busca vernos de frente cuando le damos una indicación, o si habla muy fuerte. En estos casos es importante que sea revisado por un pediatra, quien lo remitirá con el especialista correspondiente.

Problemas visuales: De igual manera, un niño que no ve bien tendrá mayores dificultades para lograr un rendimiento escolar exitoso. No podrá rendir adecuadamente. Algunos indicadores que nos pueden ayudar a identificar la presencia de estos problemas son los siguientes: cuando un niño se acerca mucho para ver la televisión o para leer o escribir, o si cierra un poco los ojos al ver algo lejano. Aquí se recomienda inicialmente un examen de la vista.

Problemas del habla: Cuando un niño no pronuncia bien las palabras, generalmente no se le entiende cuando quiere expresar una idea o cuando lee. También puede ser que escriba mal. La persona idónea para ayudar a estos niños es una terapeuta de lenguaje.

Problemas emocionales: Un niño que tiene problemas en casa centra su atención y energía en pensar en ellos en lugar de utilizarlas para aprender. Éstos pueden ser problemas "sencillos", como la llegada de un hermanito, o situaciones familiares críticas como muertes, divorcios, etcétera. Un psicólogo puede ayudar al niño y/o dar orientación a los padres sobre el manejo en casa.

¿Qué es un problema de aprendizaje?

Suponiendo que toda la información llegara al cerebro correctamente, pueden darse casos en que no se hagan las conexiones neuronales necesarias.

Imagina que tengo mis dos manos llenas de canicas y te pido que las tomes, pero que sólo puedes usar una mano. ¿Qué crees que pasaría? ¡No podrías tomar todas las canicas! Pues algo similar les ocurre a los niños que tienen algún problema de origen neurológico.

Entre los problemas que podemos encontrar en este sentido están:

Problemas de lenguaje: Son los problemas que van más allá de no poder pronunciar adecuadamente un fonema; es decir, al momento de hablar no logran hilar una idea coherentemente a pesar de comprender, o viceversa, aunque su expresión sea legible no logran expresar con coherencia sus ideas, por lo que no hay una semántica adecuada, y el significado no va acorde con lo que necesitan transmitir. Los niños que presentan estos síntomas por lo general reciben ayuda de un terapeuta de lenguaje, quien los puede evaluar y, en caso necesario, solicitar el estudio de un especialista, como un neurólogo.

Problemas visuales o auditivos: De igual manera, no sólo es que no vea o escuche bien; los problemas de esta índole pueden ser desde la percepción visual o auditiva hasta un problema mayor como ceguera o sordera. Los especialistas a consultar son el oftalmólogo y el audiólogo.

Problemas de comportamiento: Aquí es muy importante diferenciar entre un niño mal portado y uno que no puede controlar sus impulsos y, a partir de ello, puede ponerse en riesgo a sí mismo o a los demás. En estos casos es recomendable pedir ayuda de un paidopsiquiatra.

Trastorno de Déficit de Atención con o sin Hiperactividad: A estos niños les cuesta mucho trabajo centrar su atención. También hay grados o niveles, y algunos necesitan apoyo de un neurólogo mientras que otros casos deben ser tratados por paidopsiquiatras. Se sugiere que si su hijo toma medicamentos, lo observen y hagan un diario, ya que muchas veces los papás están renuentes a dárselos y tal vez con una medida objetiva de cómo está el niño puedan evaluar si están siendo de ayuda o no.

Los siguientes son términos médicos vinculados a dificultades de aprendizaje, que en caso de presentarlos se recomienda sean atendidos por un neurólogo, quien a su vez recomendará algún especialista, como sería un psicopedagogo que ayude al niño a cubrir los requerimientos escolares.

Discalculia: Dificultad para calcular, usar signos numéricos y/o resolver operaciones aritméticas simples.

Dislexia: La dislexia es un trastorno de aprendizaje que da lugar a la aparición de dificultades importantes de lectura.

Disgrafía: Dificultad para realizar los trazos gráficos que requiere la escritura.

Dispraxia: Pérdida parcial de la capacidad para desarrollar movimientos propositivos de una manera coordinada.

A manera de repaso podríamos decir que:

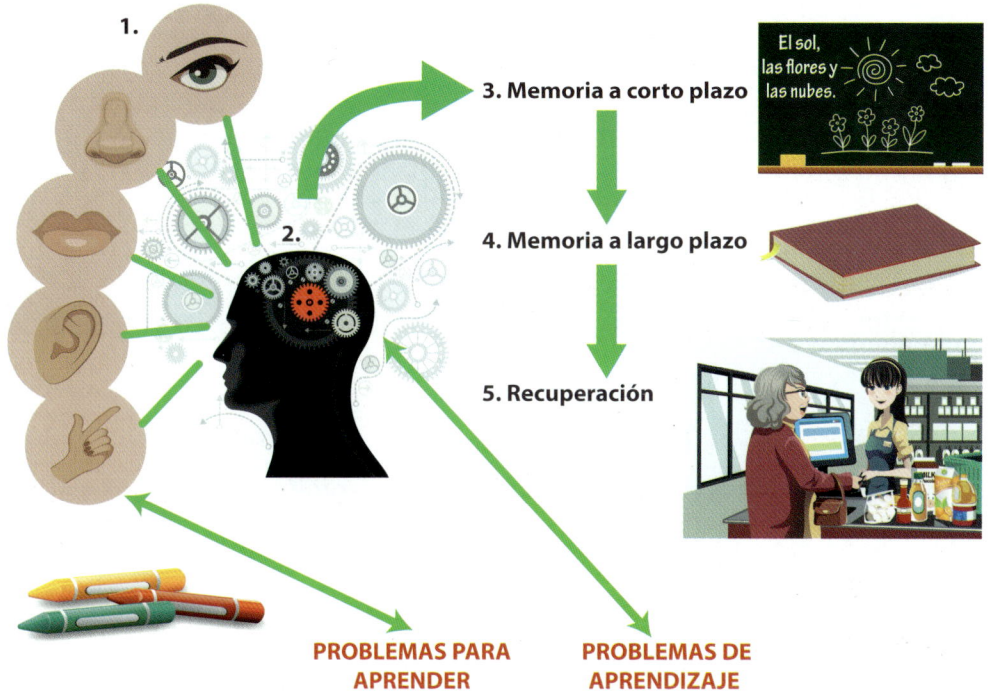

1.

2.

3. **Memoria a corto plazo**

4. **Memoria a largo plazo**

5. **Recuperación**

El sol, las flores y las nubes.

PROBLEMAS PARA APRENDER

PROBLEMAS DE APRENDIZAJE

¿Qué es el bajo rendimiento escolar?

Diferenciando a las dos anteriores, tenemos a los alumnos que presentan un bajo rendimiento escolar, pero cuando éste no es causado por un problema de aprendizaje o un problema para aprender. Es decir, se refiere a los alumnos que pueden presentar las siguientes características:

- No cuentan con la información requerida para el grado escolar en el que se encuentran.

- Niños que están aprendiendo en un idioma que no es el materno.

- Los niños que no reciben apoyo en casa y por esa razón se van atrasando en la adquisición de los conocimientos.

- Niños que presentan problemas para aprender y que no fueron tratados a tiempo, y que han perdido oportunidades de aprendizaje que ahora deben cubrir.

Estos niños no requieren la atención de un especialista. Lo que se recomienda es que tomen Regularización Escolar, la cual se diferencia de una atención psicopedagógica en que sólo se centra en trabajar los contenidos y no las habilidades que el niño necesita para aprender. Por lo general se imparte de manera individual y se enseña al alumno alguna habilidad o información no adquirida en grupo. El contenido de una regularización escolar es únicamente académico.

Con este primer acercamiento a los temas que nos ocupan en este libro, esperamos que con la breve explicación expuesta hasta aquí, quede al lector más claro cuál puede ser la razón por la que un niño presente una dificultad en la escuela.

A continuación presentamos la siguiente tabla para ser utilizada a modo de reflexión, por si sospechan que alguno de sus hijos pueda estar presentando alguna barrera que le impida aprender, la detecten y tomen decisiones que permitan ayudarlo.

ÁREA A EVALUAR	EJEMPLO DE LA CONDUCTA OBSERVADA	APOYO EN CASA	AYUDA DE UN ESPECIALISTA
• Vista.	Se acerca mucho al escribir o no ve un cartel que está lejos.		Los papás lo pueden llevar con un oftalmólogo.
• Oído.	Pone el volumen de la televisión o el radio muy fuerte, le llamo y parece no escuchar con claridad.		Los papás lo pueden llevar con un audiólogo.
• Lenguaje oral: comprensión de órdenes, expresión y/o falta de vocabulario.	Al hablar omite o cambia un fonema por otro: "calo" por "carro" o "pato" por "plato". Habla tan rápido que no se le entiende.	Pedirle que hable más despacio. Ponerlo a repetir trabalenguas. Hacer ejercicios de lengua.	Llevarlo a terapia de lenguaje.
• Lectura: exactitud, fluidez, expresividad y/o comprensión.	Al leer cambia letras, sílabas o palabras; lee muy lento y no hace la entonación adecuada.	Leer con él (él un párrafo o una hoja y yo otra), que él lea todos los días, tener en casa diferentes materiales (recetas, revistas, libros, etcétera).	Llevarlo a terapia de aprendizaje.
• Escritura: cómo son sus trazos, su ortografía y/o su redacción.	Su letra no es clara. Tiene mala ortografía. Redacta mal una carta.	Le compro un libro de caligrafía, ortografía o redacción. Propiciar que escriba (listas de compras, recados, etcétera).	Llevarlo a terapia de aprendizaje.

ÁREA A EVALUAR	EJEMPLO DE LA CONDUCTA OBSERVADA	APOYO EN CASA	AYUDA DE UN ESPECIALISTA
• Matemáticas: escritura y/o lectura de números, ejecución de operaciones básicas y/o resolución de problemas.	No se sabe las tablas de multiplicar. No sabe qué operación realizar al resolver un problema.	Comprar CD con tablas. En la vida cotidiana propiciar que resuelva problemas: Cuánto te falta ahorrar si ya tienes…	Llevarlo a terapia de aprendizaje.
• Comportamiento: relación con sus compañeros, con sus maestros y/o autoridades escolares.	Se aísla, o se pelea con sus compañeros.	Invitar amigos a la casa, propiciar paseos con otros niños, invitarlo a reparar el daño.	Llevarlo a terapia emocional.
• Aprendizaje: atención en clase, comprensión de instrucciones, termina los trabajos al mismo tiempo que sus compañeros, copia y/o realiza las tareas.	Le cuesta trabajo centrar su atención, u olvida las tareas en casa.	Tener rutinas claras, preparar la mochila el día anterior para que no olvide nada.	Llevarlo a terapia de aprendizaje.
Otros:			

Tips para mejorar el desempeño de tu hijo

Estrategias prácticas para casa

Estrategias generales

Buena alimentación: Una buena alimentación es la base para conservar la salud. Un niño bien alimentado tiene más defensas contra enfermedades, mejora la capacidad de aprendizaje y el rendimiento físico. Le recomendamos:

- Ofrecer alimentación variada.
- No presionar para comer.
- Hacer que la comida sea un momento de convivencia agradable.

Suficientes horas de sueño: El sueño es esencial para la salud y el desarrollo del niño. El sueño promueve el sentirse alerta, tener buena memoria y comportarse bien. Los niños que duermen lo suficiente funcionan mejor y son menos propensos a problemas de comportamiento e irritabilidad. Por eso es importante que los padres ayuden a sus hijos a desarrollar buenos hábitos de sueño desde una edad temprana. Los niños de entre 5 y 12 años deben dormir entre 9 y 11 horas.

Es recomendable establecer rutinas de sueño (hora de acostarse y levantarse).

Si a tu hijo le cuesta trabajo conciliar el sueño es recomendable no darle refrescos ni dulces después de las 6 de la tarde.

Propicie que realice ejercicio: Es muy importante que los niños hagan ejercicio o practiquen algún deporte. Esto les ayudará a tener mejor salud, su condición física será mucho mejor y permitirá combatir riesgos para la salud como la obesidad y las adicciones.

Por otra parte, practicar deporte es de suma importancia para nuestros hijos a nivel psicológico, porque les ayudará a enfrentarse a la competencia, a plantearse diferentes metas, los hará más fuertes y les ayudará en algo tan importante como saber trabajar en equipo y comunicarse con sus compañeros.

Para facilitar este punto puedes:

- Realizar actividades físicas en familia: caminar, correr, etcétera.
- Permitir que tu hijo practique el deporte que él elija, esto ayudará a que él se entusiasme y se comprometa.

Estrategias para favorecer la convivencia cotidiana

Consecuencias *vs.* castigos: La vida tiene consecuencias ante nuestros actos, y cuando son positivas tendemos a repetirlos y cuando son negativas los evitamos. El castigo, por su parte, sólo genera en el niño enojo hacia quien lo castiga y no reflexión ante lo que hizo.

Reglas claras, estableciendo de antemano consecuencias razonables: Es muy bueno que nuestros hijos sepan de antemano cuáles son las consecuencias positivas y negativas de su comportamiento y que éstas tengan relación con la conducta realizada, por ejemplo, si pintan la pared tendrán que lavarla o con sus domingos pagar a un pintor. Es importante no establecer las consecuencias de acuerdo con el estado de ánimo de uno.

Expresar el cariño continuamente: Damos por hecho que nuestros hijos saben que los queremos, pero es importante que se los digamos, se los demostremos y que sientan que sin importar su comportamiento y/o su desempeño escolar el cariño de sus padres no está en riesgo.

Esto lo podemos hacer de diferentes maneras, por ejemplo, con un abrazo, diciéndole que uno lo quiere, o teniendo detalles como hacerle su comida favorita.

Utilizar de manera cotidiana palabras y frases como: "gracias", "por favor", "de nada", "con permiso", etcétera, para crear un clima de cordialidad y respeto.

Tratar de comprender que tu hijo es aún un niño y que no reacciona como lo haría un adulto. Esto te ayudará a ser más empático con él.

Mejorar su autoestima

- Cuida tus palabras, es importante corregir pero sin herir; por ningún motivo humillar e insultar, ya que perjudica su autoestima y la confianza en sí mismo.

- Dale oportunidades de brillar en lo que es bueno y reconócele sus logros, diciéndole lo que hace bien para estimularlo y darle mayor confianza en sí mismo. Él confiará en sí mismo si ve que tú confías en él.

- No exijas metas fuera de sus capacidades; por ejemplo, si sacó seis en un examen podemos motivarlo a que en el próximo saque siete, ya que lo verá como algo factible y eso lo impulsará a tratar de mejorar.

- No lo compares con sus hermanos, compañeros o familiares.

- Nunca le pongas como ejemplo a otros niños, en especial a los hermanos, porque esto crea rivalidad y no permite reflexionar sobre sus acciones.

Escoger las batallas: Hay veces que nos enojamos muy fácilmente, incluso cuando acaba de iniciar el día y ya los regañamos porque no se levantaron temprano, tiraron la leche, ya van tarde a la escuela, etcétera. De esta manera el niño llega muy alterado a iniciar su jornada escolar. Hay que tratar de ser pacientes, es mejor prevenir que regañar; por ejemplo, si siempre nos enojamos porque no se levanta temprano para ir a la escuela, lo podemos acostar más temprano la noche anterior.

Estrategias para lograr un mejor desempeño escolar

Jugar en familia: Muchos aprendizajes se dan de manera más fácil a través del juego, por ejemplo juegos con reglas como la *Lotería* donde damos a nuestros hijos vocabulario, propiciamos su atención visual y auditiva y generamos un ambiente relajado. Recuerda: a los niños les encanta jugar.

Leer con sus hijos: Es recomendable adquirir la buena y sana costumbre de leer con tus hijos. Leer en voz alta para ellos o escucharlos leer en voz alta, o bien leer juntos el mismo libro y platicar sobre él. Es importante facilitar al niño el acceso a los libros (ir a bibliotecas, a la feria del libro, intercambiar con otros niños y/o pedirlos prestados). Para motivarlos a leer es bueno elegir lecturas entretenidas de acuerdo con su edad e intereses.

Salir a pasear: Para propiciarle un mayor interés por conocer el mundo que lo rodea, ampliar su vocabulario y establecer lazos afectivos, se recomienda realizar paseos, asistir a museos, al zoológico, al campo, a fiestas, etcétera. Todas estas experiencias se guardarán en su memoria y enriquecerán su vida.

Propiciar que escriban: Pedirle que escriba con más frecuencia, ya sea para expresar inquietudes o acerca de actividades cotidianas, tales como recados, cartas, listas de compras, escribir etcétera; lo anterior requiere la revisión de lo que escriba.

Tener un lugar y horario fijo para las labores escolares: Esto le permitirá mantener un orden, una mejor disposición para el trabajo y le ayudará a tener mejores resultados en la tarea.

Propiciar que practique operaciones matemáticas en situaciones de la vida cotidiana: Por ejemplo, al ir a la tienda y hacer una compra, pedirle que prevea cuánto dinero debe llevar y cuánto debe recibir de cambio; al cocinar, que ayude a medir y pesar los ingredientes; al limpiar frijoles, pedirle que los agrupe en decenas y después contarlos, etcétera.

Propiciar la reflexión: No hay que dar de inmediato todas las respuestas. Muchas veces por falta de tiempo no les permitimos a nuestros hijos razonar y reflexionar y nos dedicamos a favorecer más la memorización y la mecanización. Hay que dar a los hijos tiempo para que descubran por sí mismos las cosas. Hay que ofrecer sugerencias, no soluciones.

Por último y muy importante:

¡Reconoce todo lo bueno que tiene tu hijo y díselo!

Capítulo 2

INTELIGENCIAS MÚLTIPLES

¿Con cuál de las inteligencias te identificas?

Estilos de aprendizaje

El estilo de aprendizaje es la manera preferida que cada uno tiene de captar, recordar, imaginar o enseñar un contenido determinado.

El canal perceptual por donde nos apropiamos de los contenidos (el ojo, el oído o el cuerpo en general) resulta fundamental en nuestras preferencias y modo de aprender. La mayoría de nosotros utilizamos estos canales en forma desigual, potenciando unos y desatendiendo otros. Esto da origen a tres estilos de aprendizaje:

Visual: Se aprende elaborando folletos, láminas, ilustraciones, etcétera.

Auditivo: Se aprende a partir de escuchar o recibir una explicación.

Kinestésico: Se aprende a través de juegos, utilizando el cuerpo.

Para abarcar todos los estilos de aprendizaje, por poner un ejemplo, si el tema que quisiéramos que el niño aprenda es "El movimiento de rotación y traslación", podemos emplear los dibujos del sistema solar para el *estilo visual;* la explicación para el *estilo auditivo,* y un juego en que los niños sean el Sol y la Tierra y giren de acuerdo con el movimiento que se enseñe (de rotación o traslación), para el *estilo kinestésico.*

La **diferenciación** es la habilidad para identificar a las personas con diferentes formas de aprender (kinestésica, auditiva o visual).

De este modo, el objetivo del aprendizaje se logra presentando diferentes actividades para que todos logren aprender.

La diversidad de los estilos de aprendizaje desafía a los maestros, pero también a los papás, a desplegar diferentes estrategias para enseñar y, en nuestro caso, como padres, para apoyar a nuestros hijos.

Si crees que tu hijo es *visual,* puedes motivarlo a hacer láminas, mapas mentales, cuadros sinópticos, diagramas, etcétera. Recuerda que él aprenderá mejor lo que ve que lo que escucha. Recordará mejor lo leído que lo escuchado.

En caso de que tu hijo sea *auditivo,* aprenderá mejor con las clases expositivas y con las explicaciones. No olvides que él recuerda mejor lo que escucha que lo que lee.

Cuando el estilo de aprender de tu hijo es *kinestésico,* ayúdalo a que utilice su cuerpo; estos niños se benefician más de lo que hacen que de lo que escuchan, y mejoran su aprendizaje con actividades físicas, realizando dibujos, experimentos, etcétera.

Teoría de las inteligencias múltiples

El teórico Howard Gardner, en su libro *Estructuras de la mente: La Teoría de las Inteligencias Múltiples* (1983), expone que en la mente de las personas existen 8 áreas u 8 inteligencias. Es decir, hay múltiples maneras de percibir el mundo, de conocer, procesar, representar y comunicar la información:

1. Con imágenes.
2. Con palabras.

3. Con números.

4. Con el cuerpo en movimiento.

5. Con el ritmo y la música.

6. En sintonía consigo mismo.

7. En sintonía con los demás.

8. En sintonía con la naturaleza.

Esta propuesta se explica con dos bases fundamentales:

a) La inteligencia es dinámica, no estática; todos podemos desarrollar nuestras capacidades intelectuales.

b) La inteligencia es plural; nacemos con potencialidades marcadas por la genética, pero éstas se desarrollan según el medio ambiente, nuestras experiencias, de la educación recibida, etcétera.

A lo largo de la vida nos encontramos con situaciones y eventos distintos, para los cuales desarrollamos diversas habilidades.

La visión polifacética de Gardner considera que la inteligencia no es única porque todos tenemos un amplio espectro de inteligencias, un repertorio de capacidades, necesarias para resolver los problemas. Es decir, debido a que un mismo problema puede ser resuelto desde distintos caminos, hay rutas alternativas que cada quien tomará de acuerdo con su potencial cognitivo.

En los últimos años ha surgido una visión mucho más amplia de la mente humana, en la cual se empezó a valorar la imaginación, la creatividad, el manejo de las emociones y las relaciones interpersonales para abordar las tareas cognoscitivas y desempeñarse exitosamente en la vida.

Hay personas que desarrollan capacidades que son muy importantes para su modo de vida, como la habilidad manual y espacial en el caso de los cirujanos, la destreza física de los atletas, la capacidad de comprender a las personas en el caso de los psicólogos y los maestros, por poner sólo algunos ejemplos.

Gardner se opone a la creencia de que determinadas capacidades humanas se puedan juzgar arbitrariamente como inteligencias, mientras que otras no. Cuando se dice que una persona es inteligente, habría que preguntarse: ¿para qué?

A continuación explicamos las diferentes inteligencias, las capacidades y las habilidades propias de las mismas, así como las actividades que se relacionan con cada una.

Inteligencia verbal-lingüística

Es la capacidad para adquirir y manejar el lenguaje. Son las personas con habilidades desarrolladas en lectura, escritura y conversación. Se expresan con corrección y tienen facilidad para dar a conocer pensamientos y sentimientos a través del uso adecuado del lenguaje. Memorizan letras y nombres, y suelen tener facilidad para aprender otros idiomas.

Les gusta pensar con palabras, leer, escribir, contar historias, cuentos, jugar con las palabras, participar en debates, escribir diarios, etcétera.

Actividades relacionadas: poetas, novelistas y escritores en general.

Ejemplos: Miguel de Cervantes, Octavio Paz y Sor Juana Inés de la Cruz, entre otros personajes de la literatura.

Estrategias para trabajar la inteligencia verbal-lingüística

Si tu hijo no comprende un tema, puedes utilizar narraciones para explicárselo, o propiciar debates con él donde tú opines algo y él defienda lo que aprendió en clases. Le puedes proponer que escriba un poema, o que realice un artículo sobre el tema que está estudiando o que haga una carta o un folleto, etcétera. Puedes jugar con él a que es un personaje famoso y que tú lo vas a entrevistar o que él dirija la entrevista.

Utiliza libros, grabadoras, computadora, etcétera.

Sugerencia de juego para desarrollar en tu hijo esta inteligencia:

"Yo también invento un cuento de misterio":

Proporciona a tu hijo las siguientes frases y que escoja alguna de ellas para que sea el inicio de su cuento de terror:

- "¡De pronto oyó golpes en la ventana! Vio una sombra correr…"
- "Llamaron a la puerta. Estaba un niño solo y…"
- "Rasparon la puerta de la cocina. Había algo negro detrás…"

Si no le da miedo, que conteste las siguientes preguntas, para de ahí comenzar a relatar su cuento:

- ¿Qué era esa cosa negra?
- ¿Quién raspó la puerta?
- ¿Qué querían hacerle al niño?

Cuando el niño termine su cuento y te lo entregue, léelo con mucha atención.

Inteligencia lógico-matemática

Es la capacidad para captar y resolver problemas basándose en el pensamiento abstracto. Permite seguir satisfactoriamente el curso de un razonamiento correcto. Son las personas con habilidades para usar los números, hacer cálculos y análisis de secuencias.

Son personas que captan con claridad situaciones problemáticas planteadas y muestran orden en el proceso del pensamiento para resolverlas. Seleccionan y categorizan la información. Extraen conclusiones que pueden aplicar a situaciones nuevas.

Les gusta utilizar el razonamiento, experimentar, preguntar, calcular, resolver rompecabezas lógicos, participar en problemas de ingenio, los juegos con números, entre otras actividades.

Actividades relacionadas: matemáticos, científicos, cajeros.

Ejemplos: Einstein, Arquímedes, Pitágoras, etcétera.

Estrategias para trabajar la inteligencia lógico-matemática

Ayuda a tu hijo sugiriendo que traslade cierta información a una fórmula matemática, o que haga una línea del tiempo. Encuentra con él formas de clasificar, comparar, relacionar, componer y descomponer. En los casos en que necesite clasificar algo, puedes usar un diagrama de Venn, el cual ayuda a mostrar gráficamente la agrupación de cosas en conjuntos. Juega con él a encontrar o inventar analogías; recuerda que a quienes tienen esta inteligencia les gusta comparar.

Utiliza calculadoras, juegos matemáticos, acertijos, etcétera.

Sugerencia de juego para desarrollar en tu hijo esta inteligencia, y que se relaciona con la inteligencia verbal-lingüística y con la viso-espacial:

"¿Cuál es la ubicación de cada uno?"

Pide a tu hijo que lea el siguiente texto y que después responda a las preguntas:

- "Cinco muchachos: Rodrigo, Tomás, Fernando, Miguel y Mauricio, estaban sentados en fila. Tomás estaba sentado en un extremo de la fila y Fernando en el otro. Miguel estaba al lado de Tomás y Rodrigo al lado de Fernando."

Ahora pídele que responda:

- ¿Quién estaba sentado en medio?
- ¿Quién estaba sentado entre Miguel y Rodrigo?
- ¿Quién estaba sentado entre Mauricio y Tomás?
- ¿Cuántos muchachos había entre Miguel y Fernando?

Inteligencia viso-espacial

Es la capacidad para captar con precisión los datos de ubicación y dimensiones de un objeto. Son las personas con habilidades artísticas, les gustan los colores, son cuidadosos con los detalles y, por lo general, mantienen arreglados sus espacios.

Son personas que perciben el mundo en forma de imágenes; representan en forma gráfica sus ideas y pensamientos. Se orientan bien en el espacio; dibujan y pintan con facilidad. Suelen hacer garabatos mientras escuchan o hablan por teléfono.

Les gusta pensar con imágenes, diseñar, dibujar, visualizar, las actividades artísticas en general, juegos de imaginación, mapas mentales, metáforas, visualizaciones, rompecabezas, bloques para armar, entre otras.

Actividades relacionadas: pintores, escultores, ingenieros, arquitectos.

Ejemplos: Frida Kahlo, Diego Rivera, etcétera.

Estrategias para trabajar la inteligencia viso-espacial

A tu hijo se le facilitará más el estudio utilizando mapas mentales, cuadros sinópticos, diagramas, esquemas, historietas y, de ser posible, que utilice los colores. En el caso de estudiar un texto, es importante que vea lo que está escrito. Puede ser de utilidad en ciertos temas hacer un álbum de fotos, diseñar un cartel o un mural, o crear una carpeta de arte. Disfrutará variar el tamaño y la forma de distintos objetos.

Juega con él a armar rompecabezas o bloques para armar. Utiliza películas, videos, mapas, cámaras fotográficas, biblioteca de imágenes, ilusiones ópticas, etcétera.

Sugerencia de juego para desarrollar esta inteligencia:

"Cambio de código".

Se trata de "dibujar" el contenido de un texto, sin agregar ni quitar nada, tratando de incluir todos los detalles de cada una de las partes. Si quieres agregar ejercitación de la memoria auditiva, sólo lee el texto una vez y que dibuje lo que recuerde.

Inteligencia físico-kinestésica

Es la capacidad para manejar los movimientos del cuerpo. Son las personas con habilidades desarrolladas que combinan mente y cuerpo para expresarse y pensar a través de gestos, animaciones y desplazamientos.

Son ágiles, veloces, se mueven con destreza y flexibilidad. Emplean todo el cuerpo para comunicarse, hacen muchos movimientos y mímica para acompañar sus expresiones.

Les gusta utilizar las sensaciones corporales, como bailar, correr, saltar, construir, tocar, gesticular, las actividades manuales, el teatro, la danza, los deportes, las actividades táctiles, ejercicios de relajación, experimentar, armar y desarmar, etcétera.

Actividades relacionadas: cirujanos, bailarines, atletas, artesanos.

Ejemplos: Ana Gabriela Guevara, Lionel Messi, etcétera.

Estrategias para trabajar la inteligencia físico-kinestésica

Es importante que tu hijo trabaje en un ambiente confortable, bien iluminado, ventilado y con olores agradables, ya que los niños son muy sensibles a las texturas y aromas. Aunque como papás sea difícil entenderlo y permitirlo, si tu hijo tiene esta inteligencia aprenderá mejor caminando o en movimiento, ya que puede tener ideas más creativas cuando está haciendo otras cosas.

Él necesita usar su cuerpo para aprender, así que ayúdale a que lo haga. Es importante que manipule, que toque, que haga maquetas; hacer experimentos utilizando todos sus sentidos va a dejarle un verdadero aprendizaje, más que sólo leer la información. Disfrutará hacer dramatizaciones, representar o simular, y crear un movimiento o secuencia de movimientos para explicar o relacionar información.

Utiliza para estimularlo herramientas para construir: arcilla, plastilina, equipo deportivo, elementos de la naturaleza, etcétera.

Sugerencia de juego para desarrollar esta inteligencia:

"Dígalo con mímica".

Juega con tu hijo a que adivine palabras, películas, frases, personajes históricos que tenga que aprender en la escuela, programas de televisión, etcétera, que tú le representes sólo con mímica y que, a su vez, él te actúe otros para que tú adivines.

Inteligencia rítmico-musical

Es la capacidad de apreciar la armonía de los sonidos. Son las personas con habilidades desarrolladas en expresión y comunicación musical. Tienen facilidad para expresar emociones a través de la música y disfrutar con ella.

Son personas que cantan constantemente, a veces sin darse cuenta; son entonados, tienen ritmo y son sensibles a los sonidos del ambiente.

Les gusta expresarse con ritmos y melodías, cantar, silbar, entonar melodías, llevar el ritmo con los pies o las manos, asistir a conciertos, tocar instrumentos musicales, escuchar música, etcétera.

Actividades relacionadas: músicos, compositores, cantantes.

Ejemplos: Vicente Fernández, Luis Miguel, Wolfgang Amadeus Mozart, Ludwig van Beethoven, etcétera.

Estrategias para trabajar la inteligencia rítmico-musical

Permite a tu hijo que trabaje con música de fondo, favorece la concentración y la relajación. Le será de mucha utilidad grabar las cosas que tiene que estudiar y en muchos casos le servirá escuchar lo que otros leen o narran. Sugiérele que para memorizar mejor haga uso de las rimas, ritmos y repeticiones, que ponga música a algún texto que tenga que aprender o que cambie la letra de alguna canción conocida por él.

Utiliza grabadoras, instrumentos musicales, tecnología musical, u otros elementos que puedan contribuir.

Sugerencia de juego para desarrollar esta inteligencia:

"Soy todo oídos".

El objetivo es desarrollar la sensopercepción auditiva. Juega con tu hijo a que sólo cuentan con sus oídos, como si estuvieran en completa oscuridad: "no veo nada, sólo escucho, soy todo oídos". De preferencia cúbranse los ojos. Conversen sin palabras, sólo con expresiones sonoras, ruidos o sonidos, ritmos, risas, llantos, suspiros, etcétera. Tengan una conversación, los dos usando el mismo "idioma", y al terminar comprueben lo que se dijeron.

Inteligencia intrapersonal

Es la capacidad para captarnos y conectarnos con nosotros mismos. Son las personas con habilidades para autoobservarse y usar el conocimiento en forma productiva. Son autosuficientes, conscientes de sus ideas, esfuerzos, sentimientos y saben establecer sus propias metas.

Son personas con un buen manejo de las emociones. El autoconocimiento les permite ser empáticos consigo mismos y por lo tanto con los demás. Pueden estar solos y hasta disfrutar su soledad.

Les gusta la autorreflexión, fijarse metas, meditar, soñar, planificar y realizar actividades para reforzar su autoestima.

Actividades relacionadas: psicólogos, filósofos, líderes religiosos.

Ejemplos: Mahatma Ghandi, Sigmund Freud, Platón, el Dalai Lama, etcétera.

Estrategias para trabajar la inteligencia intrapersonal

Si tu hijo tiene este tipo de inteligencia disfrutará estudiar y trabajar solo. Permítele que experimente por sí mismo. En los casos en los que algo se le complique, motívalo a que describa cómo se siente. Cuando esté atorado còn algún tema, ya sea personal o de trabajo, que describa sus cualidades y cómo lo ayudarán a completar esta tarea. Para él será de gran utilidad explicar el propósito que percibe en sus tareas y evaluar su propio trabajo.

Utiliza los diarios y proyectos personales.

Sugerencias de juegos para desarrollar esta inteligencia:

"Aprecio de ti".

Para este juego es importante reunir a un grupo de al menos cinco personas. Se forma un círculo de personas y uno por uno pasan al centro. Cada integrante, llamándolo por su nombre, le dirá el aspecto que más valore de la persona que se encuentra en el centro. Cuando todos le han expresado su sentir a una persona, pasará la siguiente al centro y se repetirá la actividad. Una vez que hayan pasado todos al centro, cada uno dirá cómo se sintió con la dinámica.

Inteligencia interpersonal

Es la capacidad para relacionarse con los demás. Son las personas con habilidades desarrolladas en la socialización y mantenimiento de amistades. Son sensibles a los sentimientos de los demás, a sus pensamientos y a interpretar sus conductas. Son excelentes líderes, mediadores y organizadores.

Son flexibles para entender otros puntos de vista. Son capaces de asumir diversos roles dentro de un grupo. Tienen aptitud para llegar a los demás, persuadir, asesorar, negociar y actuar como mediador. Saben escuchar, se comprometen con los problemas de los demás y se interesan por ayudarlos.

Les gusta intercambiar ideas con los otros, dirigir, relacionarse, manipular y mediar. Están interesados en el aprendizaje cooperativo, tutoría a compañeros, participación en actividades de la comunidad, organizar eventos y dirigir grupos, etcétera.

Actividades relacionadas: líderes políticos, vendedores, profesores, entre otros.

Ejemplos: Madre Teresa de Calcuta y Martin Luther King.

Estrategias para trabajar la inteligencia interpersonal

Permite a tu hijo trabajar en equipo y estudiar con otros, será la mejor forma de aprovechar sus capacidades. Disfrutará ayudar a otros a estudiar, y enseñarlos.

Puede ayudar a resolver un problema mediante hacer un juego de roles de múltiples perspectivas, mismo que disfrutará planearlo y organizarlo. Puede serle de utilidad participar en un pequeño grupo, planificar reglas o procedimientos para determinada actividad u organización.

Sugerencia de juego para desarrollar esta inteligencia:

Para desarrollar esta inteligencia se recomienda invitar amigos a la casa y organizar actividades como juegos de mesa, cocinar en equipo y organizar juegos en conjunto como el de las sillas.

Inteligencia naturalista

Es la capacidad para observar y captar la naturaleza. Son las personas con habilidades desarrolladas en la comprensión de los fenómenos de la naturaleza y el cuidado del entorno ecológico.

Son personas con habilidad para relacionarse con los animales y entender su comportamiento; suelen observar las plantas para saber qué necesitan. Se interesan por cómo se manifiestan los fenómenos atmosféricos y meteorológicos.

Les gusta utilizar el razonamiento inductivo-deductivo para experimentar, manipular e investigar, realizar análisis de investigaciones, tareas que exijan observar, plantearse problemas en relación con la naturaleza y aprovechar el tiempo al aire libre.

Actividades relacionadas: biólogos, jardineros, botánicos, físicos y químicos.

Ejemplos: Charles Darwin y Madame Curie.

Estrategias para trabajar la inteligencia naturalista

Fomenta en tu hijo las actividades al aire libre, de modo que pueda tener contacto con su medio natural. Aunque no sea algo que tú disfrutes, permítele coleccionar insectos, piedras, flores, etcétera, y que las clasifique y categorice, ya que para él será algo importante. Aprenderá observando, explorando, descubriendo los secretos de la naturaleza. Ayúdalo a diseñar o conducir experimentos.

Utiliza microscopio, telescopio, lupa.

Sal con tu hijo a buscar insectos y obsérvalos con detenimiento.

También con las hojas o piedras que hayan recolectado pueden realizar diseños creativos.

Estrategias generales para trabajar con los niños

- Identifica qué tipo de inteligencia tiene tu hijo. Pregúntale cómo le gusta más estudiar, o puedes realizar diferentes actividades con él y observar cuál disfruta más o con cuál aprende mejor. Recuerda que muchas veces queremos que aprendan como a nosotros se nos facilita; sin embargo, ellos pueden tener su propio estilo y forma de aprender. Al terminar este capítulo encontrarás un cuestionario que te permitirá saber qué tipos de inteligencia tienen tus hijos.

- Dale la oportunidad al niño de aprender a través de sus propias inteligencias. Aunque tú estés acostumbrado a cierto tipo de estudio, muéstrate abierto al permitir que él o ella estudie, por ejemplo, las tablas de multiplicar cantándolas, o tal vez escribiéndolas en un pizarrón, o incluso repitiéndolas en voz alta mientras patea un balón contra la pared, en lugar de hacerlo sentado leyéndolas en silencio.

- Sé paciente, el ritmo de trabajo también varía de acuerdo con el niño y con su forma de aprender.

- Establece un ambiente libre de presión, para permitirle dedicar tiempo suficiente a la actividad; supervisa sólo cuando sea necesario, y provee todo el material que necesite: guías, libros, lápices, etcétera.

- Fomenta que el niño sea responsable por su actividad. Tu hijo debe saber que cuenta con tu apoyo, pero también debe tener claro que el trabajo es suyo y hacerse responsable.

- Identifica y resalta sus destrezas especiales. Es importante que les hagamos saber a nuestros hijos sus habilidades y cualidades; esto les permitirá ubicarse en sus tipos de inteligencia y facilitará su aprendizaje.

- Ser espléndido al momento de brindar a los niños oportunidades para que brillen ante los demás. A nuestros hijos les gusta escuchar que nosotros apreciamos las cosas que hacen; entonces construye estas oportunidades, ya que no aparecen espontáneamente.

A continuación te presentamos un ejemplo de cómo trabajar un tema específico con las múltiples inteligencias:

Si tu hijo está estudiando el tema de "La fotosíntesis", los autores Prieto y Ferrándiz (2001) proponen realizar el ejercicio de trabajarla con diferentes actividades de acuerdo con cada una de las inteligencias:

- **Verbal-lingüística:** Leer un libro en el que se describa la fotosíntesis y aprender vocabulario específico.

- **Lógico-matemática:** Crear una línea del tiempo en la que se den los pasos de la fotosíntesis.

- **Viso-espacial:** Dibujar el proceso de fotosíntesis utilizando láminas.

- **Corporal-kinestésica:** Hacer un juego de rol con los "personajes" que intervienen en el proceso de la fotosíntesis.

- **Musical:** Crear un mural musical con diferentes tipos de música que representen la secuencia de pasos que se dan en la fotosíntesis.

- **Interpersonal:** En pequeños grupos, debatir sobre el proceso de transformación de la fotosíntesis y extraer ideas paralelas de la vida de los compañeros.

- **Intrapersonal:** Escribir un artículo que refleje una experiencia personal de transformación y compararla con la fotosíntesis.

- **Naturalista:** Realizar un experimento con una planta, señalando cómo ésta produce el oxígeno para vivir y utilizando para ello un recipiente de agua.

*Test informal de Inteligencias Múltiples**

Marca los enunciados en cada categoría con un puntaje del 0 al 10. Diez corresponde a la oración con la que más se identifica, y 0 con la que menos se identifica.

---

* Adaptado del "Autotest de Inteligencias Múltiples", del libro de Brites de Vila y Almoño (2006).

Verbal - Lingüística

___ Los libros son muy importantes para mí.

___ En general entiendo y aprecio los diversos textos escritos y puedo comentarlos.

___ Me es más provechoso escuchar la radio que ver la televisión y películas.

___ Empleo y disfruto el buen humor, los chistes y los juegos de palabras.

___ A veces la gente me pide que explique el significado de palabras que utilizo al hablar o escribir.

___ Las materias de español, civismo e historia siempre me resultaron más fáciles que las de matemáticas y ciencias.

___ Tengo facilidad para aprender otros idiomas.

___ Cuando me encuentro en algún transporte, pongo más atención en las palabras escritas en los carteles que en el paisaje.

___ Mi conversación alude con frecuencia a cosas que he leído o escuchado.

___ Recientemente escribí algo que me causó orgullo o que me ganó el reconocimiento de los demás.

___ Total

Visual - Espacial

____ A menudo veo imágenes visuales nítidas, aun con los ojos cerrados.

____ Soy sensible al color.

____ A menudo empleo una cámara para grabar lo que me rodea.

____ Me gusta hacer rompecabezas, laberintos y otros entrenamientos visuales.

____ Recuerdo mis sueños en forma vívida.

____ En general puedo ubicarme en un lugar desconocido; descifro los mapas con facilidad.

____ Me gusta dibujar o hacer garabatos.

____ En la escuela me resultó más fácil la geometría que el álgebra.

____ Tengo buena orientación y recuerdo los lugares que vi.

____ Prefiero el material de lectura con muchas ilustraciones.

____ Total

Lógico - Matemática

____ Me resulta sencillo calcular números mentalmente.

____ Las matemáticas y las ciencias estuvieron entre mis temas favoritos de la escuela.

____ Me gustan los juegos y los rompecabezas mentales que requieren pensamiento lógico.

____ Capto las relaciones entre las cosas: cómo se conectan y su sentido.

____ Mi mente busca patrones, regularidades o secuencias en las cosas.

____ Sustento mis ideas con argumentos lógicos.

____ Creo que hay una explicación razonable para casi todo.

____ A veces mi pensamiento surge en forma de conceptos claros, abstractos, sin palabras y sin imágenes.

____ Me gusta encontrar fallas de la lógica en las cosas que la gente hace y dice.

____ Me siento más a gusto cuando algo ha sido medido, clasificado, analizado o cuantificado de alguna manera.

____ Total

Físico - Kinestésica

____ Participo regularmente en al menos un deporte o actividad física.

____ Percibo mis sensaciones físicas y lo que ocurre en mi cuerpo.

____ Expreso lo que siento con mímica y con mi cuerpo en general.

____ Me resulta difícil permanecer quieto durante mucho tiempo.

____ Me gusta trabajar con las manos en actividades concretas.

____ Mis mejores ideas con frecuencia surgen cuando estoy dando una caminata o corriendo.

____ A menudo me gusta pasar mi tiempo de recreación al aire libre.

____ Necesito tocar las cosas para aprender sobre ellas.

____ Me gustan los juegos mecánicos aventurados o las experiencias similares, físicamente emocionantes.

____ Bailo bien y con gracia.

____ Total

Musical

____ Recuerdo y puedo tararear, cantar o silbar la música que escucho.

____ Me doy cuenta cuando una nota musical está desentonada.

____ A menudo escucho música.

____ Toco algún instrumento.

____ Mi vida tendría menos riqueza si no tuviera música.

____ Me es fácil llevar el compás de una pieza musical con un instrumento de percusión.

____ Conozco la melodía de muchas canciones o piezas musicales.

____ Diferencio los tonos de voz de la gente y lo que transmiten.

____ A menudo tamborileo o canto cancioncillas mientras trabajo, estudio o aprendo algo.

____ Aplico música u otros sonidos a diversas situaciones o experiencias (como fondo para un texto, una obra teatral, para memorizar algo, etcétera).

____ Total

Intrapersonal

_____ Habitualmente paso bastante tiempo solo meditando, reflexionando o pensando sobre temas importantes de la vida.

_____ He asistido a seminarios o asesoría de desarrollo personal para aprender sobre mí mismo.

_____ Soy capaz de responder a los obstáculos con flexibilidad.

_____ Me hago responsable de lo que pienso, siento y hago.

_____ Tengo metas importantes en mi vida en las cuales pienso con regularidad.

_____ Tengo una perspectiva realista de mis habilidades y dificultades.

_____ Prefiero pasar un fin de semana solo, en una cabaña en el bosque, que en un lugar de recreo elegante con mucha gente a mi alrededor.

_____ Me considero una persona resuelta e independiente.

_____ Llevo un diario personal para registrar los eventos de mi vida íntima.

_____ Sé cuándo puedo arreglarme solo y cuándo necesito ayuda.

_____ Total

Interpersonal

_____ Escucho a los demás para entenderlos, aunque no esté de acuerdo con ellos.

_____ Prefiero los deportes que se practican en grupo.

____ Cuando tengo un problema, lo más probable es que me dirija a otra persona en busca de ayuda, en lugar de tratar de solucionarlo solo.

____ Puedo negociar y llegar a acuerdos con flexibilidad.

____ Prefiero pasatiempos sociales, como jugar *Monopoly* o *Canasta,* a actividades recreativas individuales, como los juegos de video o solitario.

____ Disfruto el reto de enseñarle a una persona o a un grupo de personas las cosas que sé hacer.

____ Actúo como líder o conductor eficazmente.

____ Me siento a gusto entre mucha gente.

____ Me gusta participar en actividades sociales relacionadas con mi trabajo, iglesia o comunidad.

____ Prefiero pasar mis noches en una fiesta alegre, a quedarme solo en casa.

____ Total

Naturalista

____ Disfruto mucho realizando experimentos para entender los fenómenos naturales.

____ Cuando estoy rodeado de árboles, me gusta clasificarlos por familias, por la forma de las hojas, por altura o por tronco.

____ Me gusta observar el cielo por las noches y así poder identificar tipos de cuerpos celestes, constelaciones y estrellas.

_____ Me es sencillo predecir el clima, ya que me gusta emplear técnicas de evaluación del clima.

_____ Soy el tipo de persona que aprovecha las oportunidades para observar animales y/o plantas.

_____ Me gusta interactuar con los animales y encargarme de su cuidado.

_____ A menudo aprovecho las oportunidades que se me presentan para poder utilizar un microscopio, binoculares o telescopio, para estudiar organismos y sistemas.

_____ Por lo general cuando salgo de paseo pongo más atención en el escenario que en los letreros que me encuentro en el camino.

_____ Puedo recordar detalladamente el paisaje, los árboles, el suelo y la vegetación de los lugares que he visitado.

_____ Prefiero mis vacaciones en una cabaña en el bosque, conviviendo con la naturaleza, en lugar de un hotel lujoso.

_____ .Total

Ahora suma el total. Las inteligencias en las que hayas sacado puntaje más alto son aquellas que posees más desarrolladas.

Capítulo 3

TAREA Y TIPS PARA ESTUDIAR Y RESOLVER EXÁMENES

Muchas veces, cuando platicamos con los papás acerca de cómo es la relación con sus hijos, ellos contestan que es buena, salvo cuando tienen que hacer con ellos la tarea y se generan situaciones como las que se ilustran a continuación:

Nada debe ser más importante que forjar una relación sana y armoniosa con nuestros hijos, pero cuando eso no ocurre se produce culpa y enojo en ambas partes. Abordemos, pues, este importante tema.

¿Por qué se inventó la tarea?

Ésta es una pregunta que nos hacemos con frecuencia y tal vez creamos que la única finalidad que tiene es molestar a nuestros *angelitos* o hacernos pasar un mal rato con ellos. En realidad no es así. **La tarea es importante** porque:

- Ayuda a los niños a obtener mejores calificaciones, pues al repasar lo visto en clase pueden practicar y mejorar sus conocimientos, y en caso de tener alguna duda cuentan con el tiempo suficiente para aclararla.

- Refuerza lo que el niño aprendió en la escuela. No cabe duda que la práctica hace al maestro, y mientras más oportunidades tengan los niños de ejercitarse, mejor será su aprendizaje y desempeño.

- Favorece la adquisición de habilidades personales como el auto-control, la responsabilidad, confianza e independencia, ya que los niños muchas veces tendrán que posponer algo que quieren hacer –como salir a jugar con sus amigos– por cumplir con un deber; también se eleva su autoestima al ver con gusto que lograron resolver ellos mismos su tarea.

- Desarrolla hábitos de estudio. Durante la primaria empiezan a adquirir varios de los hábitos que necesitarán a lo largo de su vida como estudiantes, pues conforme van pasando a etapas superiores requerirán ser más disciplinados.

- Estimula la inteligencia de los niños al resolver problemas, memorizar, investigar, etcétera.

- Da oportunidad a los padres y a los maestros de conocer sus aptitudes, así como aquellas áreas que se les dificultan. Esto es vital para poder ayudar según se requiera.

- Ayuda a los maestros a conocer qué tan efectivos son sus métodos de enseñanza y eso les permitirá mejorarlos en caso de detectar que varios de sus alumnos no entendieron algún tema visto.

Por todo lo anterior, es muy importante permitir a nuestros hijos que se hagan responsables de su tarea y que los padres sirvan sólo como apoyo.

Estrategias

a) Respecto al lugar y horario de trabajo

- Establecer un lugar fijo para realizar la tarea; debe tener buena ventilación, temperatura conveniente y adecuada iluminación. Si utilizan una lámpara eléctrica en el escritorio se recomienda ponerla del lado opuesto a la mano que usa para escribir, pues de lo contrario puede hacerse sombra con su misma mano.

- Antes de iniciar la tarea, el pequeño debe tomar agua, ir al baño, ponerse un suéter si hace frío, etcétera, para estar seguros de que puede centrar toda su atención en lo que va a hacer.

- Es importante que el niño haga la tarea en una mesa o escritorio, ya que la mejor postura para estudiar y escribir es sentado. Algunas veces permitimos que los niños se apoyen en una cama para escribir, pero esto hace que no tengan trazos legibles, o que se acuesten en un sillón para leer, lo cual hace que su cuerpo se relaje y terminen dormidos.

- El lugar debe estar limpio y ordenado, sin objetos que puedan distraerlo y lejos de comida o cosas que puedan provocar un accidente. No hay nada más frustrante que después de terminar un trabajo se nos ensucie por una distracción o, peor aún, que se eche a perder y tener que hacerlo de nuevo.

- Eliminar distractores como televisión, radio, teléfonos, etcétera. A veces con tan sólo ponernos a hablar por teléfono cerca de nuestro hijo es suficiente para que pierda su concentración y esté más atento a lo que decimos que a lo que tiene que hacer.

- Tener el material necesario previamente listo, así como un diccionario. Es recomendable tener una cajita que podemos ir armando con los materiales que sobraron del ciclo escolar anterior, con todo lo necesario para hacer la tarea como lápiz, color rojo, pluma, sacapuntas, goma, colores, regla, pegamento y tijeras. Así evitamos que el niño se levante para ir a buscar lo que le falta o que olvide en casa el estuche que usa en la escuela.

Otro punto importante es tener la costumbre de preguntar a nuestros hijos al recogerlos de la escuela si necesitarán algún material para su tarea, pues muchas veces cuando ya estamos listos para empezar, resulta que necesitaban un mapa y tenemos que buscarlo en ese momento y, peor aún, ¡si es domingo a las 9 de la noche!

- Hay tareas que son diferidas (que no son para el día siguiente) y para estos casos es bueno tener un calendario en un lugar visible, para anotar la fecha de entrega. También podemos recomendar al niño que vaya haciendo la tarea poco a poco; por ejemplo, un día ir a comprar el material, otro hacer la investigación y uno más para realizar el trabajo final; esto los enseñará a organizarse y permitirá que no se le haga pesada y cansada la tarea. También puede impedir una desvelada innecesaria o perder un domingo familiar.

- Si le dejaron *muuuucha* tarea, se puede acordar hacerla por partes: "Primero Matemáticas, después vas a tomar agua, le llamas a tu amigo y continuamos con Ciencias."

- Establecer un horario fijo acordado con tu hijo. Es vital negociar con nuestros hijos cuál es la hora que prefieren para trabajar, tomando en cuenta si tienen otras actividades, o si es el día de su programa de televisión favorito, etcétera. Si platicamos con ellos y llegamos a un acuerdo que estipule la consecuencia de no cumplirlo, haremos que nuestros hijos se vuelvan responsables y tengan una mejor disposición hacia el trabajo.

Aunque siempre es mejor que la actividad divertida se haga después de haber terminado la tarea, dado que les puede costar trabajo suspenderla, no siempre es posible. Por ejemplo, podemos acordar con ellos que lunes y miércoles pueden iniciar su tarea después de salir a jugar con sus primos (pues son los días en que van a visitarlos), pero que martes y jueves después de comer iniciarán de inmediato la tarea para poder llegar a tiempo a su entrenamiento. En caso de que no terminen la tarea, la consecuencia sería que el siguiente lunes no podrán salir a jugar hasta no haberla concluido.

b) *Actitud de los padres*

- Es importante mostrar interés por la tarea de sus hijos para que se sientan animados a trabajar, ya que muchas veces cometemos el error de decir: "¡Cómo se le ocurre a tu maestra dejarte hacer eso! ¡No sirve para nada!", en vez de alentarlo, por ejemplo diciéndoles: "¡Qué interesante se ve eso! ¡Mira, aquí hay un libro que te puede servir!".

- Recordar que somos sus padres y no sus maestros, pues podemos crear confusión en el niño. Hay veces que los niños no ponen atención en clase, pues se confían en que por la tarde cuentan con un maestro particular que les puede explicar.

- La tarea es de su hijo, no de ustedes; dejen que él asuma las consecuencias y que aprenda de la experiencia. No cometan el error de borrar o arrancar una hoja, pues además de dañar su autoestima, no permitirán que su maestro se percate de cómo trabaja.

  Tampoco es conveniente irse al otro extremo y ayudarle o, peor aún, hacerle la tarea, pues con esto le damos el mensaje de que no necesita esforzarse, pues ustedes están para solucionarle TODO y con eso perdemos la oportunidad de hacerlo independiente. También podemos dañar su autoestima, dando a entender que no confiamos en que pueda hacerlo, por eso mejor lo hacemos nosotros.

- Hay que tener paciencia, pues cada tarea y cada niño requieren un tiempo y estrategia distintos. Cuando los niños están iniciando la primaria es probable que requieran mayor supervisión y acompañamiento, pero es recomendable soltarlos poco a poco.

- Es muy importante no pelear con los hijos, pues no vale la pena dañar la relación por ningún motivo. Si no nos sentimos con el ánimo o el humor de ayudarle o revisar su tarea, podemos pedir el apoyo de nuestra pareja o de un hermano mayor. También podemos enviar un mensaje a su maestro explicando qué fue lo que se complicó.

- Tampoco es sano tener problemas con nuestra pareja por las tareas escolares de nuestros hijos; es mejor llegar a un acuerdo previo donde establezcan reglas y horarios. Y cuando uno esté hablando con el hijo, el otro no debe intervenir como abogado defensor de ninguna de las partes.

- No usar premios o castigos para asegurar el trabajo escolar; mejor haga notar en su hijo la satisfacción del deber cumplido. Muchas veces prometemos un regalo o un premio si logran sacar un diez, pero esto sólo provoca que el niño se preocupe más por el resultado que por aprender, y sin darnos cuenta propiciamos que copien o hagan alguna otra trampa con tal de obtener el premio deseado. Sin embargo, puede festejarse un logro; por ejemplo, se le puede decir: "vi tu esfuerzo por subir tus notas este periodo y por eso hoy te hice tu postre favorito".

- Reconocer los esfuerzos de sus hijos y no sólo sus logros. Muchas veces los niños se esfuerzan por realizar un trabajo, invierten gran parte de su tiempo y no logran el diez anhelado. En esos casos podemos decirles que lo importante fue su dedicación y esfuerzo y que poco a poco lograrán el resultado, pero que si no lo intentan o no lo practican nunca lo conseguirán.

- Se sugiere hacer una carpeta o un cuaderno para guardar los trabajos más significativos; si eso no es posible se puede tomar una foto. Se recomienda que el niño haga una portada y decida qué trabajos o apuntes son dignos de guardarse en esa carpeta, y se puede incluir un mensaje explicando la razón de su importancia. También aprovechen para poner fotos o cartas de sus amigos, o que escriba alguna buena anécdota que haya ocurrido en la escuela, entre otras cosas. Esto motivará al niño a hacer bien sus trabajos y le quedará como un bonito recuerdo de su infancia.

¿Qué hacer si el niño se siente incapaz de realizar su tarea?

Algunos niños tienen dificultades para hacer ellos mismos sus labores escolares debido a que, como vimos en el capítulo 1, pueden presentar alguna barrera que les impide adquirir los conocimientos o trabajar al mismo ritmo que sus compañeros. De ser así, tal vez necesiten mayor supervisión o ayuda, que puede ser la siguiente:

- Averiguar cuáles son las materias que más se le complican. Esto puede ser platicando con él, observándolo al realizar su tarea, revisando sus cuadernos o solicitando una entrevista con su profesor.

- Buscar diferentes formas de estudiar y hacer la tarea: pueden seguirse algunas de las estrategias sugeridas en el capítulo anterior, como elaborar esquemas, propiciar el movimiento o cantar con ellos para que memoricen algo, etcétera. Es decir, propiciar que aprendan de acuerdo con su tipo de inteligencia.

- Hablar con el maestro e idear estrategias en conjunto que impliquen ayuda dentro del aula, ayuda en casa y/o buscar ayuda profesional.

- Si olvidan constantemente la tarea en la casa, se les puede pedir que inmediatamente después de terminarla la guarden en la mochila o incluso si es una maqueta o algo que no quepa dentro de la mochila, ponerlo a la entrada de la casa para que no se olvide.

- Si es muy lento para trabajar, pueden hablar con la maestra y pedirle que le permita finalizarla el fin de semana o que le deje menos tarea mientras alcanza el nivel del grupo, porque no es sano que esté toda la tarde haciendo tarea, ya que estará cansado, tal vez malhumorado y difícilmente logrará los beneficios deseados.

- Se le puede comprar una libreta especial para que anote la tarea.

- Si es lento para escribir pueden recomendársele algunas estrategias como: al copiar la tarea usar abreviaturas, escribir lo más importante, o a la salida copiarle la tarea a un compañero.

- Hay escuelas que ofrecen taller de tareas, donde pueden inscribir a sus hijos para así contar con apoyo profesional y evitar desgastar la relación.

Tips para estudiar y resolver exámenes

Debemos aprovechar cuando nuestros hijos están cursando la primaria para formar en ellos buenos hábitos de estudio que les serán útiles para el resto de su vida escolar.

a) En la escuela

Recomienden a sus hijos que en la escuela realicen las siguientes actividades que les ayudarán a la hora de tener que estudiar para un examen:

- Poner atención al profesor cuando esté explicando. Cuando el niño pone atención es más fácil entender, con lo que a veces sólo habrá que repasar, pues al estar comprendido el tema no es necesario perder toda la tarde estudiando. Explicar esto a nuestros hijos puede ser una buena motivación para ellos.

- Tener los apuntes completos. Los autores Uribe y Velasco (2013, p. 27) señalan que "el arte de unos buenos apuntes es poner con tus palabras lo que comunica el profesor".

- Preguntar al maestro en el momento cuando tengan alguna duda. Por timidez o por miedo a la desaprobación de sus compañeros, muchos niños se quedan con dudas. Podemos decir a nuestros hijos que tal vez muchos compañeros se quedaron con la misma duda y, gracias a que ellos fueron valientes en preguntar, todo el grupo se verá beneficiado.

- Participar en clase y animarse a pasar al pizarrón.

b) *Al momento de estudiar*

- Subrayar las ideas principales.

- Consultar en el diccionario cuando no esté seguro del significado de alguna palabra.

- Si el maestro da una guía, contestarla con tiempo. Ahí se pueden hacer esquemas o buscar imágenes que la ilustren y hagan más fácil su repaso.

- Si el maestro no da una guía, puede idearse un cuestionario con preguntas y respuestas.

- Señalar los temas o aspectos que no se tengan claros, para poder plantear las dudas, de preferencia con el mismo profesor.

- Hacer un resumen o un mapa mental con los datos más relevantes.

- Los papás pueden hacer un examen para que el hijo lo resuelva, y con ayuda del libro o de sus apuntes ellos mismos pueden calificarlo para ver dónde estuvieron sus errores o si le faltó ampliar una respuesta. Se puede aprovechar para tomar el tiempo que se tarda y así lograr que él vaya teniendo conciencia de ese aspecto.

- Si el examen implica operaciones matemáticas, puede resolver ejercicios y con ayuda de la calculadora revisar sus respuestas.

- No estudiar cuando esté cansado o de mal humor, ya que es vital tener una buena disposición para adquirir conocimientos, por eso es importante no estudiar un día antes, pues no es posible prever este tipo de situaciones.

- Cuando sea posible muestren videos, libros o vayan a museos o lugares que tengan relación con lo que están aprendiendo. Esto ayudará a que el aprendizaje sea más significativo.

c) Al momento de resolver el examen

- Si tu hijo tiende a ponerse nervioso antes de un examen, enséñale técnicas de relajación, como respirar adecuadamente.

- Leer con atención las instrucciones, no confiarse por creer que ya sabe lo que tiene que hacer.

- Si no sabe una respuesta saltársela y responderla al final.

- Antes de entregar el examen revisar sus respuestas.

- Si el examen es de opción múltiple y no sabe la respuesta, tratar de resolver la pregunta por lógica, pero no dejarla sin contestar.

- Si tiene alguna duda de cómo debe responder, que le pregunte a su maestro.

- Si no sabe la respuesta completa que conteste lo que pueda.

d) Después del examen

- No es bueno regañarlo por un mal resultado; es mejor revisar y resolver juntos el examen, lo que ayudará a ver en qué se equivocó.

- Si la calificación fue baja, planeen estrategias que puedan implementar juntos para mejorar la próxima vez; por ejemplo, estudiar con más tiempo, resolver más operaciones, tener los apuntes completos, etcétera.

- Piensen en metas alcanzables; por ejemplo, si en un examen sacó 6, no esperemos que en el siguiente saque 10. Podemos pedirle que vaya subiendo poco a poco, así el niño verá esta meta como algo fácil de alcanzar y estará más motivado a lograrlo.

- De ninguna manera comparen sus calificaciones con las de sus hermanos o amigos, pues su autoestima puede verse afectada y provocar rivalidad entre los niños.

- Si la calificación fue buena hay que felicitarlo. Es importante hacerle ver que sus esfuerzos tuvieron buenos frutos y que vale la pena el trabajo. Recuerda hacerle ver que debe sentirse satisfecho y orgulloso de sus logros.

Capítulo 4

LECTURA.
¿CÓMO PUEDO AYUDAR
A MI HIJO A LEER MEJOR?

Para iniciar este tema quisiéramos que realizaras el siguiente ejercicio: utiliza los símbolos que se muestran a continuación para descifrar el mensaje que aparece en el recuadro. Trata de hacerlo en el menor tiempo posible.

Escribe aquí el mensaje:

_____

_____

_____

_____

¿Cómo te sentiste al ir descifrando el mensaje? ¿Fue fácil? ¿Lo hiciste rápido? ¿Qué estrategia empleaste?

Pues lo que hiciste fue leer, ya que la *lectura* es el proceso de la recuperación de algún tipo de información o de ideas transmitidas mediante algún código, usualmente un *lenguaje,* que puede ser visual (letras o símbolos) o táctil (por ejemplo, el *sistema Braille* que utilizan los ciegos para leer con los dedos).

De acuerdo con Rafael Bautista (2002) el proceso de lectura puede agruparse en dos grandes componentes o pasos:

Decodificar: Es el proceso de convertir símbolos en información.

Ejemplo: M/A/M/A, los vas decodificando y sabes que la "m" suena "mmm" y así cada letra tiene un sonido que es representado por esa misma letra, y si lo vas juntando forma la palabra: "MAMÁ".

Comprender: Es lograr que el texto decodificado tenga un sentido. Este sentido puede vincularse a información previa.

Ejemplo: Al leer "mamá" sé que es una palabra que conozco y en mi mente tengo una imagen con la cual la relaciono, y así sé de qué trata lo que leo.

El dominio de la habilidad lectora significa la captación de la información que está contenida en un primer momento en las frases, después en párrafos y finalmente en textos. Esta información puede ser explícita (como cuando el texto dice que el protagonista es un conejo blanco) o implícita (por ejemplo, cuando al leer el texto tú puedes deducir que si el día está nublado es probable que haga frío, aunque el texto no lo explique así).

Rutas que nos llevan a la lectura (reconocimiento de palabras)

Ruta visual (directa): Consiste en comparar la forma ortográfica de la palabra escrita (secuencia de letras) con las representaciones de palabras disponibles en el léxico visual (a modo de "diccionario visual"). Ésta es la ruta que emplean los lectores expertos y es la que les permite leer rápidamente un texto.

Por ejemplo, cuando los niños pequeños ya saben leer su nombre porque están acostumbrados a verlo y no necesariamente porque ya conozcan todas las letras que lo componen.

Ruta fonológica (indirecta): Mediante el mecanismo de conversión de grafemas (letras) a fonemas (sonidos), se obtiene la pronunciación de la palabra, que es como se identifica. Esta ruta es más lenta porque el lector tiene que ir decodificando letra por letra.

Tomando como ejemplo el ejercicio que hiciste al iniciar este capítulo, ahí tuviste que usar esta vía ya que no conocías el código y, posiblemente, tardaste en descifrarlo e ibas poco a poco poniendo las letras que formaban las palabras. Y sólo una vez que lo tuviste todo comprendiste el mensaje.

Así es como todos empezamos a leer y es como los niños inician. Como adultos "expertos" olvidamos lo complicado que es leer y a veces no tenemos paciencia a los niños cuando inician.

Destrezas básicas y específicas que permiten realizar con éxito la lectura

Se cree que para lograr que un niño lea bien es suficiente con ponerlo a leer todos los días. Eso es un error. Por supuesto que eso le va a ayudar, pero además hay una serie de destrezas que ayudan a ser un mejor lector y, si las favorecemos en nuestros hijos, permitirán que puedan realizar con mayor éxito esta compleja tarea.

1. **Vocabulario e información general:** Para poder comprender un texto es necesario contar con un vocabulario amplio. En ese sentido, podemos ayudar a nuestros hijos a adquirirlo llevándolos al zoológico, museos, paseos y aprovechar para enseñarles palabras nuevas y repasar las que ya conocen. También es útil leer libros con imágenes y con información general, investigar juntos algún tema de su interés, ver programas y películas educativas, jugar juegos de mesa que involucren conocer palabras nuevas como *Memorama* y *Lotería* para niños más pequeños, y juegos de formar palabras para los niños mayores.

2. **Discriminación visual:** Ayuda a que los niños puedan distinguir entre unas letras y otras y a que puedan seguir un renglón.

Hay muchos ejercicios que pueden ayudar a los niños a mejorar su percepción visual, como sopas de letras, encontrar diferencias entre dos dibujos, reconocer en un dibujo objetos encimados, etcétera.

En la tabla siguiente mostramos algunos ejemplos de este tipo de ejercicios:

Encierra en un círculo azul la b y en uno verde la d	Delinea cada fruta de un color diferente	Tacha la letra que es diferente en cada renglón
b bbb d d b bb d d b b d d b d b bb d d b d dd		q p p p p b b b d b m m n m m

3. **Memoria visual:** Es indispensable en un primer momento para recordar las letras y después para recordar lo leído. Se puede favorecer con ejercicios como pedirle a los niños recordar cosas que hay en un lugar, pedir que observen un dibujo o un grupo de cosas y hacerles preguntas; también les podemos poner varios objetos y pedirles que los vean con atención, después los tapamos con un trapo y les pedimos que nos digan cuáles había. Aquí podemos aprovechar y darles estrategias para recordarlos. Por ejemplo, si ponemos los objetos que se muestran en la imagen, podemos dar pistas al niño como: "Primero hay que numerarlos para saber cuántos objetos hay que recordar; después es bueno ver si se pueden clasificar, en este caso todos sirven para jugar,

unos los usan más las niñas y otros más los niños. ¿Cuáles de estos tienes?", etcétera.

¿Cómo saber si hay una dificultad?

La lectura es una actividad muy compleja en cuyo aprendizaje es normal que en las primeras etapas aparezcan dificultades y errores que no necesariamente indican algún problema.

Muchos autores señalan que, para ello, tendría que producirse un retraso de dos años en relación con el nivel esperado de lectura y que presentara una inmadurez general en su desarrollo (jugar con niños más pequeños y su lenguaje no es el adecuado, son algunos elementos que es necesario observar).

La dislexia es un trastorno de aprendizaje que da lugar a la aparición de dificultades importantes en el proceso de lectura. Se presume que puede ser causada por una disfunción o inmadurez neuropsicológica; sin embargo, no todas las dificultades para leer son necesariamente causadas por la dislexia.

¿Qué podemos hacer si vemos que nuestros hijos presentan alguna dificultad al leer?

En la fluidez de la lectura: Es la habilidad que tiene el lector para producir la lectura con un ritmo similar al de la expresión oral.

La Secretaría de Educación Pública (SEP) dio a conocer la siguiente tabla para que padres de familia y maestros tuvieran un parámetro que les permita evaluar la fluidez con la que leen los niños, de acuerdo con lo esperado en su grado escolar.

Niveles de logro para velocidad lectora SEP
Palabras leídas por minuto

GRADO ESCOLAR PRIMARIA	REQUIERE APOYO	SE ACERCA AL ESTÁNDAR	ESTÁNDAR	NIVEL AVANZADO
1°	Menor que 15	De 15 a 34	De 35 a 59	Mayor que 59
2°	Menor que 35	De 35 a 59	De 60 a 84	Mayor que 84
3°	Menor que 60	De 60 a 84	De 85 a 99	Mayor que 99
4°	Menor que 85	De 85 a 99	De 100 a 114	Mayor que 114
5°	Menor que 100	De 100 a 114	De 115 a 124	Mayor que 124
6°	Menor que 115	De 115 a 124	De 125 a 134	Mayor que 134

Para saber cuántas palabras lee tu hijo tienes que utilizar un cronómetro y contar cuántas palabras logró leer en un minuto.

Actividades para ayudar a que tu hijo lea más rápido y claro

- Empieza con frases cortas y, después, indúcelo a leer libros que tengan poco texto y más imágenes, y así sucesivamente ve aumentando el grado de dificultad.

- Jueguen a decir trabalenguas y rimas, eso le ayudará a tener mejor dicción al hablar.

- Lee junto con él el texto para que vaya siguiendo tu ritmo al leer.

- Pídele que lea todos los días aunque sea 5 minutos, pues como es bien sabido, la práctica hace al maestro.

- Haz una bitácora donde anotes sus progresos y en la que él pueda visualizar cómo poco a poco va leyendo más rápido; eso seguramente lo va a motivar.

En la conciencia fonética: Es la habilidad de identificar los sonidos dentro de una palabra, segmentarlos para deletrear correctamente, e identificar similitudes entre un sonido y otro. Cuando el niño presenta dificultades puede ignorar el sonido de algunas grafías y las omite al leer; por ejemplo, lee "ecoba" por "escoba".

Actividades

- Lee remarcando la letra que generalmente omite o confunde, por ejemplo: "esssscoba".

- Cuando omita una letra al leer, pídele que repita la palabra.

- Escribe en una hoja varias palabras y pídele que identifique la palabra que está escrita correctamente, por ejemplo:

patel paste pastel	

- Para que se percate de la importancia de leer correctamente, ponle palabras similares y que las una con el dibujo correspondiente; por ejemplo:

Perro

Perros

En la comprensión lectora

Actividades

- Para los pequeños, jugar *Memoria* o *Memorama* donde una carta sea la palabra escrita y la otra la imagen.

- Pedir al niño emparejar un dibujo con la palabra u oración que le corresponda.

- Encontrar absurdos en frases cortas, por ejemplo: "El perro vuela".

- Formar frases lógicas con palabras sueltas. Puedes poner primero pocas palabras y después ir aumentando el número.

- Ver imágenes y, a partir de ellas, inventar historias que tengan una lógica.

- Acomodar secuencias visuales. Pedir al niño que acomode tarjetas que narren una historia en el orden adecuado; por ejemplo, un huevo completo, después el huevo roto y finalmente el pollito.

- Completar frases con la palabra adecuada. Con el propósito de facilitar el ejercicio se le pueden poner opciones y que él elija la que complete mejor cada frase, por ejemplo:

	MANZANA	PLÁTANO
Es una fruta roja, redonda		_____
Es una fruta amarilla, alargada, que le encanta a los changos		_____

- Enseñar estrategias para contestar preguntas sobre un texto, por ejemplo: volver a leerlo, buscar en el texto la palabra clave, utilizar la lógica si no recuerda la respuesta, etcétera.

- Lean juntos un texto y pídele que él te haga una pregunta sobre lo que leyeron y luego tú; después verifiquen si la respuesta es correcta. También puedes propiciar que empiece a inferir preguntando cosas que no vienen de manera explícita en la lectura. Por ejemplo: "Si a Juanito se le cayó su primer diente, ¿cuántos años crees que tenía?".

- Muchas editoriales producen textos especializados con actividades diversas para favorecer la comprensión lectora, por lo que puedes adquirir uno y trabajar con tu hijo algunos ejercicios.

¿Por qué es importante la lectura?

La Secretaría de Educación Pública considera que la lectura es importante, ya que:

- Favorece la capacidad de observación, de atención y de concentración.
- Promueve el desarrollo del lenguaje.

- Mejora tanto la expresión oral como escrita.

- Aumenta el vocabulario y mejora la ortografía.

- Promueve la capacidad de exponer pensamientos.

- Amplía la cultura, ya que permite conocer lugares, gente y costumbres diferentes.

- Estimula la curiosidad intelectual y científica.

- Promueve el juicio y el análisis crítico: el niño lector se cuestiona el mundo que le rodea.

Sugerencias para leer con nuestros hijos

- Encuentra un espacio cómodo y bien iluminado para leer; desde ahí comienza el éxito para lograr que tus hijos disfruten la lectura.

- Promueve la lectura en todo momento, desde el letrero en la calle hasta la caja de cereal; no importa qué lean con tal de que lo hagan.

- Explica al niño el propósito de la lectura: ¿es para preparar una receta, o para aprender algo nuevo? De esta manera activamos la curiosidad innata de los niños.

- Revisa el libro que van a leer poniendo atención a los dibujos, el tipo de texto, el título, el autor, etcétera. Esto logrará que tu hijo se interese por el texto.

- Activa el pensamiento, platicando previamente sobre el tema del que van a leer y qué es lo que ya saben. Por ejemplo, si vamos a leer un cuento de un oso polar podemos preguntarle al niño qué sabe de esos animales, dónde viven, qué comen, etcétera. Así, cuando vayan leyendo, irán confirmando lo que ya sabían y descubriendo temas nuevos.

- Platica y anticipa sobre qué creen que vaya a suceder dentro del texto. Durante la lectura, promueve que el niño revise o cuestione lo que está leyendo: ¿Tiene sentido?, ¿es relevante?, ¿tiene lógica? ¿Qué fue lo que más te gustó?

- Si el niño apenas está aprendiendo a leer, podemos deslizar el dedo bajo las palabras para que siga bien la lectura.

- Si es un texto largo, tomen descansos para resumir lo que se leyó. Nunca dejen un libro a la mitad. Si es extenso, terminen el capítulo y programen cuándo concluirán la historia.

- ¡Reléanlo! Es muy importante releer un texto varias veces para poder lograr el dominio del tema.

- Promueve la imaginación de tus hijos. Esto se puede lograr si le pides que se imagine otro final. Otra manera puede ser que al leerle al niño le des expresión a la voz, para hacerle sentir la emoción de cada personaje, cambiando el volumen y el ritmo de la lectura y pausando para mantener su atención.

- Facilita al niño una gran variedad de textos: pueden ir juntos a bibliotecas, pedir libros prestados, intercambiar libros con otras familias, entre otras formas de acercarte a la lectura.

- Se recomienda establecer la costumbre de la lectura en familia. Podemos leerle al niño en voz alta, leer con él y escucharlo leer o incluso leer cada quien un texto pero acompañados. Recuerda que los hijos imitan lo que hacemos; si nos ven leer van a querer hacerlo también.

- Es muy importante proporcionar a cada hijo lecturas entretenidas de acuerdo con su edad e intereses. A continuación se presenta un cuadro con lecturas recomendadas, según su edad.

Por último, es importante recordar que los padres no somos responsables de enseñar a leer a nuestros hijos, pero sí jugamos un papel primordial para despertar su deseo de leer.

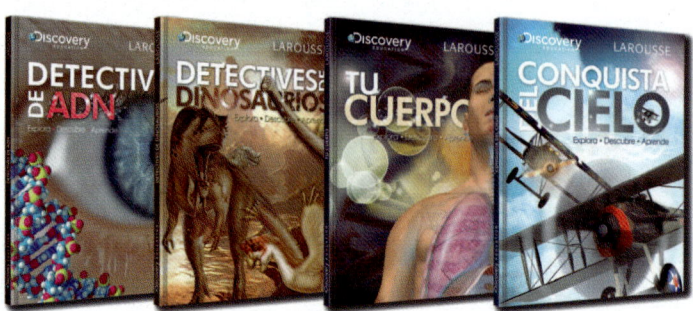

TABLA DE LECTURAS RECOMENDADAS POR EDAD

0 - 2 AÑOS	MATERIAL DE LECTURA	TEMAS
Los adultos leen o narran a los niños. El niño inicia una muy elemental lectura de imágenes.	Historias que hablen de sentimientos y estados de ánimo por los que pasa el niño (tristeza, dudas, celos, miedo, etcétera). Cuando haya textos, deben ser muy sencillos y claros. Para ocasiones especiales, como dejar el pañal, la llegada de un hermanito o la caída del primer diente. De materiales resistentes y agradables al tacto: cartón, plástico, madera, tela, con bordes redondeados; que se puedan morder, oler, escuchar; con pestañas, botones, texturas.	Vida diaria con rituales, como la comida, el baño, los juegos, etcétera.
2 - 5 AÑOS	**MATERIAL DE LECTURA**	**TEMAS**
Comienza a desarrollar su lenguaje oral. Percibe la relación entre las imágenes y las palabras.	Cuentos que enseñen objetos, números o letras; el eje debe ser un niño o niña como él o ella. Con lenguaje rítmico y repetitivo. Siempre deben tener desenlace feliz, muchas ilustraciones a color y tipografía grande. Ser muy breves y evitar descripciones.	Cuentos de hadas, de animales con comportamientos similares a los de un niño.

6 - 8 AÑOS	MATERIAL DE LECTURA	TEMAS
Iniciación a la técnica lectora en la escuela. Recurre a la ilustración para verificar su comprensión de lo leído.	Cuentos de trama predecible, pero con finales sorprendentes, felices y justos. Libros informativos sobre temas que les interesen. Pocos personajes para no desviar la atención del niño, con diálogos frecuentes y las ilustraciones sincronizadas al texto para reforzar la comprensión.	Cuentos de hadas, fantasía e historias de animales que hablan, máquinas personificadas y humor.
9 - 11 AÑOS	**MATERIAL DE LECTURA**	**TEMAS**
Mayor autonomía en la lectura. Comprende textos cortos e incluso sin ilustraciones.	Primeros libros con capítulos. Vocabulario fácil, con frases no muy largas. Personajes con los que se pueda identificar, les apasionan los protagonizados por jóvenes de su edad.	Se interesan por todos los géneros: cuentos, novelas, teatro para representar, libros informativos, cómics, humor, terror, ciencia ficción, etcétera.
DESDE 12 AÑOS	**MATERIAL DE LECTURA**	**TEMAS**
Mejora la competencia lectora.	Los libros no deben dejar en el niño dudas irresolubles. Frases no muy largas, ni complejas. Tipografía similar a la de los libros de adultos con algunas ilustraciones.	Les interesan personajes con problemas como los suyos. El adolescente necesita modelos para identificarse. Empieza la conciencia social, busca argumentos con problemas humanos, sociales o políticos y los alterna con aventuras y acción.

Adaptado de:
http://www.maristassegovia.org/servicios_d.shtmlidbole9&idarticulo=30439&idseccion=7077tin=136

Capítulo 5

PLANAS Y PLANAS Y SEGUIMOS CON ¡PATAS DE ARAÑA! UN ACERCAMIENTO A LA ESCRITURA

¿Qué es la escritura?

La escritura es la representación del pensamiento por medio de signos gráficos convencionales. Se trata de codificar o convertir significados y sonidos en signos escritos. Permite registrar con gran precisión el lenguaje hablado por medio de signos visuales. Es la operación inversa a la que se da en los procesos de decodificación de la lectura.

La escritura es un modo gráfico típicamente humano de transmitir información.

¿Qué ocurre en la escritura?

Se pueden usar dos rutas o caminos en la producción de palabras escritas:

1. **Ruta fonológica, indirecta o no léxica:** Utiliza las reglas de correspondencia para obtener la palabra escrita. Consiste en la habilidad para segmentar las palabras en los fonemas que las componen y establecer la conexión con sus grafemas correspondientes. Es la que utilizan los

niños que están aprendiendo a escribir, y resulta lenta debido a que tienen que ir recordando cada letra y después la escriben; por eso es muy común que presenten errores ortográficos, ya que pueden escribir "ciero" por "quiero", pues en su mente la "c" suena "k" y así la escriben.

2. **Ruta ortográfica, directa, visual o léxica:** Recurre a un almacén mental donde tenemos las representaciones ortográficas de las palabras que ya han sido utilizadas con anterioridad. Conforme nos volvemos más expertos al escribir, lo hacemos a mayor velocidad porque no hay que recordar cada letra, y vamos incorporando algunas reglas ortográficas que nos permiten escribir de manera correcta.

Habilidades previas para escribir

Al igual que en la lectura, los niños necesitan estar preparados para poder escribir; por eso hay una serie de habilidades o prerrequisitos necesarios para adquirir con éxito la escritura. Para ayudar a tu hijo a trabajar estas habilidades te proponemos las siguientes actividades:

- **La articulación y el lenguaje:** Si el niño tiene problemas de articulación y de lenguaje, es decir, no habla bien, no tendrá una escritura adecuada, ya que no será capaz de establecer la conexión entre los fonemas y los grafemas correspondientes, pues muchas veces escriben tal como pronuncian las palabras y, en lugar de escribir "perro", pondrán "pello" o "pedo". Te proponemos los siguientes ejercicios sencillos de lengua para que los realices con tu hijo en casa. Si con estos ejercicios no notas mejoría, considera llevar al niño a una terapia de lenguaje.

– Sacar y meter la lengua.

– Moverla hacia los lados.

– Mover la lengua hacia arriba y hacia abajo tocando el labio.

– Hacer círculos tocando los labios.

– Hacer chasquidos.

– Limpiar el paladar con la lengua de atrás para adelante.

– Hacer trompetillas sacando la lengua.

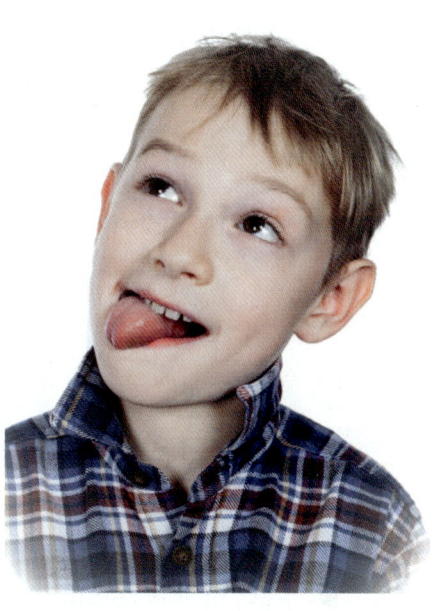

– Alargar la lengua hacia afuera de la boca, como si se tratara de alcanzar una paleta y, enseguida, hacer la lengua ancha, de manera que se intente tocar las comisuras de la boca con los lados de la lengua.

– Poner la lengua dura dentro de las mejillas y no permitir que se las muevan.

• **Discriminación auditiva:** Esta habilidad es necesaria para ubicar la diferencia entre un sonido y otro; por ejemplo, en el caso de palabras que suenan similares, como "casa", "pasa" y "taza". Muchas veces los niños escriben mal las palabras no porque no sepan escribirlas, sino porque las escuchan mal. Puedes jugar con tu hijo a dibujar o usar tarjetas con estos objetos y, mientras tú señalas varias veces en diferente orden los tres dibujos de estas figuras, él deberá decir su nombre, sin equivocarse y rápidamente.

También, puedes pedirle que cierre los ojos y vaya escuchando los sonidos que hay en el ambiente y te diga qué escucha.

Hay un juego que divierte mucho a los niños y les sirve para desarrollar esta habilidad: escribe en un papel el nombre de animales u objetos que hagan algún sonido característico, también puedes usar tarjetas impresas. Cada quien tomará un papel o tarjeta e imitará el sonido del animal o cosa y los demás tendrán que adivinarlo. El que adivine tiene que tomar otra tarjeta e imitar el siguiente sonido.

Además de esto, ponlo a escuchar canciones y después pídele que te diga de qué trató la canción.

● **Memoria auditiva:** Es la habilidad para reproducir algo después de haberlo escuchado. Si un niño tiene dificultades en esta área, se le complicará tomar un dictado, ya que necesita saber qué dijo el maestro para poder escribirlo.

Para practicar esta habilidad puedes repetir con tu hijo un listado de palabras o realizar el juego de "fui al mercado y compré…", en el que la primera persona menciona una fruta, la siguiente dirá "fui al mercado y compré" la fruta que dijo la primera persona más una que esta persona agregue, y así sucesivamente la gente tendrá que ir repitiendo el listado de frutas que los anteriores han dicho más una nueva que la última persona agregue.

También puedes pedirle que repita frases o números, y puedes ir aumentando la cantidad conforme vaya logrando decir más. Por ejemplo: "Fui

al circo y vi un payaso", "fui al circo y vi un payaso y un mago", y así sucesivamente.

- **Vocabulario:** Se requiere contar con varias palabras para expresar
  lo que se desea. Mientras más amplio sea el vocabulario de nuestros
  hijos, más fácil será que desarrollen la escritura a través de la ruta
  ortográfica o directa. Puedes ayudar a desarrollar el vocabulario de
  tu hijo llevándolo a conocer diferentes lugares, como el zoológico,
  museos, días de campo, etcétera. O simplemente, después de visitar
  la casa de algún pariente, puedes jugar con él a que te describa el
  o los cuadros que había en la sala. Esto, además de ayudarlo con el
  vocabulario, ejercitará su memoria visual.

- **Coordinación motora fina:** Para tener una buena escritura, es indispensable ser capaz de realizar un trazo adecuado en un espacio determinado. Te sugerimos ejercicios como el siguiente en los que deben llegar de un punto al otro sin tocar las paredes del túnel.

Une los dos extremos de cada túnel sin tocar las paredes.

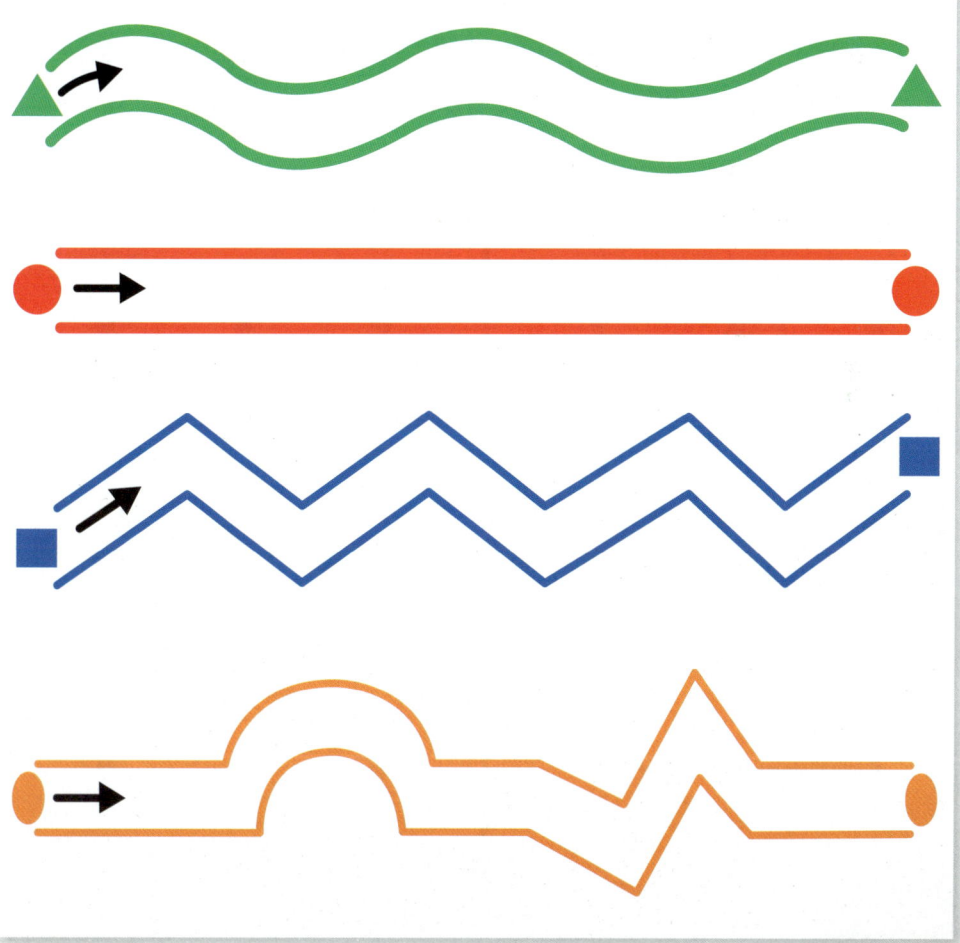

- **Nociones básicas de lateralidad, memoria y discriminación visual:**

Es importante trabajarlas para identificar y ubicar adecuadamente las letras. Para desarrollar estas habilidades te recomendamos que juegues con tu hijo a encontrar las diferencias entre dos dibujos, hacer sopas de letras, jugar *Memoria* o realizar ejercicios como los siguientes: que copie algún modelo a partir de un ejemplo o vaya distinguiendo las diferentes figuras geométricas en un dibujo en el que éstas se encuentren encimadas.

Copia la primera figura en la segunda columna.

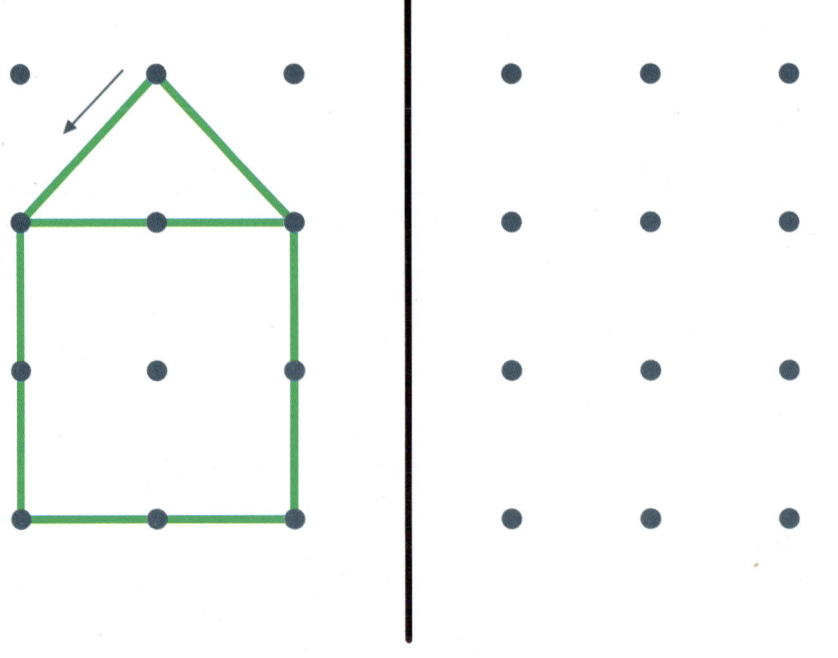

Ilumina con diferentes colores las figuras geométricas.

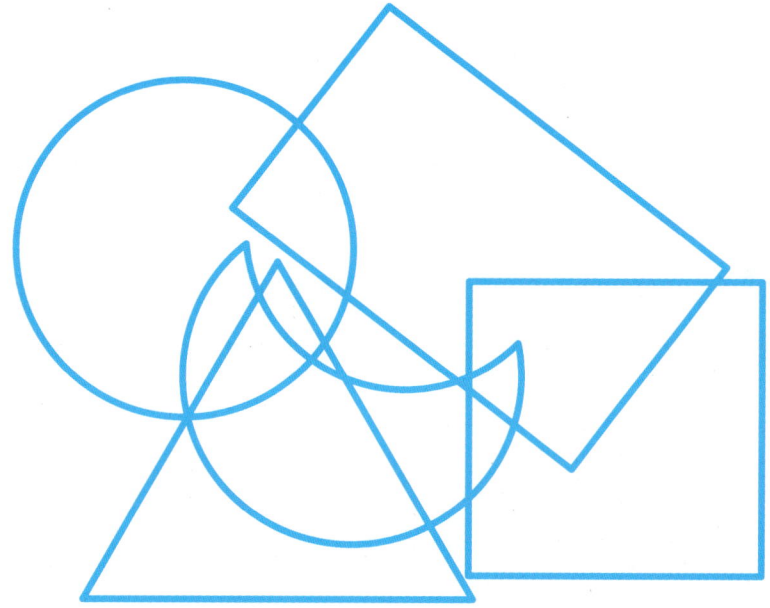

Competencias observables en la escritura

Jesús García Vidal y Daniel González Manjón (2001) proponen como habilidades y destrezas que deben analizarse en la escritura las siguientes categorías:

Para escribir correctamente se requieren tres elementos básicos:

1. Grafomotricidad.

2. Ortografía.

3. Composición escrita.

Grafomotricidad

Entendemos por grafomotricidad el movimiento gráfico realizado con la mano al escribir. Es el conjunto de habilidades y destrezas que permiten producir la escritura, incluidas:

- La presión que se ejerce sobre el lápiz y el papel, y

- El correcto movimiento en términos de precisión, uniformidad y cohesión para obtener una grafía comprensible.

La grafomotricidad o desarrollo grafomotriz del niño tiene como objetivo fundamental completar y potenciar el desarrollo psicomotor a través de diferentes actividades.

Los siguientes son puntos que deben observarse para saber si el niño tiene una adecuada grafomotricidad; es decir, las competencias observables de la grafomotricidad son:

- Tamaño de la letra.

- Irregularidad del tamaño.

- Superposición de letras.

- Calidad del trazado de las líneas.

- Postura al escribir.

- Toma adecuada del lápiz.

- Dirección correcta.

- Distribución de letras en la hoja.

El proceso de la escritura es complejo y el niño lo va logrando poco a poco. A continuación, presentamos un ejemplo de cómo se va dando.

Los niños inician con dibujos, luego garabatos que se convierten en "pseudografías"; posteriormente empiezan a poner letras por sílabas, por ejemplo: "mo" por "mano", ya que su mente va más rápido de lo que escriben y finalmente ya escriben la palabra completa.

De acuerdo con la Escala Zaner–Bloser, la velocidad de la escritura debería ser la siguiente:

GRADO	PALABRAS POR MINUTO
1°	25
2°	30
3°	38
4°	45
5°	60
6°	67

Estrategias para apoyar a tus hijos en su grafomotricidad

- Cuidar que al escribir el niño utilice la pinza con el lápiz entre el pulgar y el índice, y estar atento a que se siente de manera correcta.

- Colocar el cuaderno un poco inclinado hacia la derecha para permitir que pueda escribir correctamente.

- Cuidar que la dirección de las letras se realice de manera correcta (de izquierda a derecha, y de arriba a abajo si es script).

- Propiciar ejercicios de coordinación fina, como recortar, rasgar, ir entre líneas, calcar, copiar dibujos y formas, etcétera.

- Dar tiempo para escribir con el fin de que el niño pueda realizar trazos adecuadamente.

- Utilizar libros especializados para caligrafía.

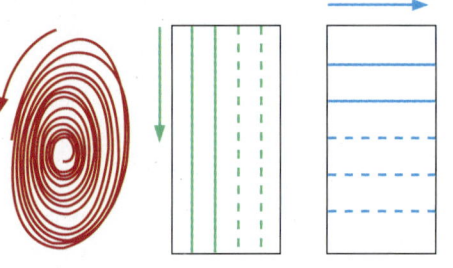

- Para trabajar con tus hijos la ubicación espacial, juega con ellos como si su espalda fuera un pizarrón y dibuja en ella las figuras que se muestran a continuación, dividiendo su espalda en el número de cuadrantes que corresponda, haciendo la figura que se indique y con la dirección marcada.

Ortografía

Es la capacidad de codificar la palabra utilizando el conjunto de reglas y convenciones que rigen el sistema de escritura normalmente establecido en su comunidad.

Es fonética: es decir, cada letra tiene un sonido convencionalmente aceptado.

Es reglada: en el sentido de que existen reglas ortográficas que permiten escribir de acuerdo con una norma vigente.

Las competencias observables de la ortografía son:

a. Sustituciones: es decir, que escriba una letra por otra. Aquí se puede hacer un análisis del tipo de error que comete: puede ser cambiar una letra por otra de sonido similar, como sería escribir "v" por "b" (escribir "voca" por "boca"); o cambiar una letra por otra que tiene una regla ortográfica que no ha sido asimilada, como por ejemplo "ciero" por "quiero"; o por una letra que tiene una dirección contraria, lo que puede indicar problemas perceptuales, como sería escribir "d" por "b" ("dola" por "bola").

b. Adición de letras: poner una letra de más en la palabra. Estos errores son comunes cuando el niño escribe con modismos que emplea al hablar, por ejemplo: "vistes" por "viste".

c. Omisión de un fonema: cuando el alumno al escribir omite una letra, por ejemplo: "cata" por "canta".

d. Omisión de la sílaba: esto ocurre generalmente en palabras que tienen tres o cuatro sílabas, como escribir: "pinacas" por "espinacas".

e. Omisión de la palabra: al escribir una frase o un texto, algunos alumnos olvidan escribir palabras. En la escritura espontánea generalmente esto ocurre porque van pensando más rápido de lo que escriben y creen que ya pusieron esa palabra, y al copiar, estos errores se observan frecuentemente en palabras cortas como artículos.

f. Inversión de orden: es cuando se cambia el orden de las letras al escribir, como sería "se" por "es".

g. Unión de palabras: se refiere a cuando no hay una separación entre dos palabras, por ejemplo "lamesa" por "la mesa".

h. Fragmentaciones: cuando una palabra la escribe con una separación entre las letras, por lo que podría parecer que se trata de dos palabras en lugar de una, por ejemplo "espio naje" por "espionaje".

i. Uso correcto de los acentos.

j. Uso correcto de las mayúsculas.

Para ejemplificar estas competencias observables, lee el siguiente párrafo con atención, localiza los errores ortográficos y compara tus resultados con los del cuadro que se encuentra en la siguiente página.

Aves que nadan pero no vuelan: ¡qué rareza!

Nos referimos a los pingüinos. Habitanen la antartida, el continente que se caracterisa por su aridez y frío extremos.

A los pingüinos se les conzidera expertos buceadores por la destrezas y rapidez con que se sumergen en el océano; aprovechan la rigidez y firmeza de sus alas para "volar" abajo el agua, y a pesar la aparente tropeza con que caminan en tierra, pueden llegar a correr tan rapido como tú.

La redondez de su cuerpo se debe a la capa de grasa que cumulan vajo sus plumas. eso les da frotaleza para resistir el frío.

Los pingüinos hanidan una vez al año. Los padre mantienen el huebo en tre las patas para darle tibieza. Es un espectáculo de gran belleza mirar a los papas pingüinos cuidar asus bebés. Al crecer, los polluelos se alejan del nido y llegan a la madurez.

ORTOGRAFÍA	NÚMERO	EJEMPLOS
Sustituciones	4	caracterisa, conzidera, vajo, huebo
Adición de letras	3	Abajo, hanidan, destrezas
Omisión de un fonema	2	_cumulan padre_
Omisión de la sílaba	0	
Omisión de la palabra	1	a pesar de
Inversión de orden	2	frotaleza tropeza
Unión de palabras	2	habitanen asus
Fragmentaciones	1	en tre
Uso correcto de acentos	3	Antartida, rapido, papas
Uso correcto de mayúsculas	2	antártida eso

Estrategias para apoyar a tus hijos con su ortografía

- Leer es sin duda la mejor manera de tener una buena ortografía, ya que amplía nuestro almacén de representaciones ortográficas de las palabras.

- Realizar ejercicios y juegos con las reglas ortográficas como *Memoria*, *Lotería*, etcétera.

- Propiciar la autocorrección marcando el error con otro color.

- Hacer una lista de palabras resaltando la letra donde por lo general presenta el error ortográfico. Colocarla en un lugar visible (puerta, ventana, pared junto a su cama, espejo del baño, etcétera), como un medio más para reforzar el uso correcto de la letra de manera visual y no sólo memorística.

Composición escrita

Es la capacidad de expresar ideas, sentimientos, etcétera, mediante un texto estructuralmente apropiado, con construcciones sintácticas correctas, vocabulario amplio y preciso y utilizando con propiedad los signos de puntuación.

Las competencias observables de la composición escrita son:

- Expresión adecuada de la idea; es decir, que el niño transmita en su texto el mensaje que quiere mandar.

- Contenido lógico del texto. Por ejemplo, que las descripciones de los lugares de su relato sean congruentes con la época en que éste ocurre.

- Ordenamiento de los sucesos descritos; es decir, que la secuencia de lo que ocurre en el relato tenga congruencia.

- Construcción gramatical correcta. Significa expresarse de manera correcta al escribir. Incluye la organización de las palabras en las oraciones que forman el relato, el uso adecuado de los signos de puntuación, etcétera.

- La elección adecuada de las palabras; por ejemplo, que no se repita la misma palabra muchas veces en el texto, y que haya riqueza de vocabulario.

Estrategias para ayudar a tu hijo con la composición escrita

- Partir de la idea de que el desarrollo de un texto implica tiempo.

- Plantear la práctica de la escritura en contextos comunicativos reales o de acuerdo con sus intereses, lo cual ayudará a la motivación de nuestros hijos y desarrollará una clara conciencia de lo que implica componer un texto:

  - Tener claro cuál es el propósito: informar, convencer, divertir, entre otros.

  - Tomar en cuenta a quién va dirigido: niños, padres, etcétera.

  - Organizar lo que se quiere decir.

  - Desarrollar los mecanismos autorreguladores del proceso: planificación, elaboración y revisión.

  Algunos ejemplos de lo que nuestros hijos podrían redactar son: cartas por el día del padre o de la madre, peticiones a la dirección de la escuela, reglas para un juego, por sólo mencionar algunas ideas.

- A partir de modelos escritos, podemos plantearnos ejercicios de:

  - Reescrituración: volver a escribir una parte del texto.

  - Ampliación: aumentar y profundizar una parte.

– Descripción: dar detalles más precisos de una escena.

– Personificación: cambiar la persona que escribe.

Podemos poner en práctica estos últimos ejercicios con un recado muy simple:

Mamá:
Me fui a la casa de mi amigo Adrián. Regresaré rápido.
Juan

Reescrituración: *Mamá: Regreso pronto, estoy en casa de Adrián. Juan.*

Ampliación: *Mamá: Tenemos que hacer un trabajo de historia en equipo, lo vamos a hacer en casa de Adrián. Regreso a las 8. Juan.*

Descripción: *Mamá: Me fui a la casa de mi amigo Adrián, es el que vive a dos cuadras de la escuela, en los edificios rojos. Regresaré rápido. Juan.*

Personificación: *Señora: Juan me pidió que le avisara que va a estar en mi casa. Adrián.*

- Debemos cambiar nuestra actitud, pasar de ser *juez-calificador* donde sólo reviso la ortografía y la caligrafía, por lo que prácticamente siempre acabo diciendo algo malo del trabajo, a ser *retroalimentador*, enfatizando los aspectos positivos con comentarios que expliquen por qué son valiosos para el escrito. Cuando haya aspectos "mejorables", deben hacerse recomendaciones claras y precisas sobre cómo solucionarlos. Es decir: ¡Sancionar menos y retroalimentar más!

- Corregir lo más simple para el niño, y cuando éste sea capaz de entenderlo, corregir lo más complejo.

- Propiciar la autocorrección.

Pida a su hijo que primero elija un tema, después planifique qué le gustaría abordar al respecto, y posteriormente que realice un borrador. Es importante que no olvide apoyarse en un diccionario o en algún libro relacionado con el tema, o buscar en Internet en una fuente confiable y, por último, revisar su producción, tanto en la redacción como en la ortografía.

Una vez que haya terminado, reflexione con él o ella qué fue lo que más se le facilitó y lo que más se le dificultó para hacer su trabajo y así poder tenerlo en cuenta para un futuro. Por ejemplo, si lo más difícil fue encontrar información sobre el tema, pueden prever para la próxima solicitar un libro en la biblioteca de la escuela.

A continuación, te presentamos algunos ejemplos de ejercicios para desarrollar la composición escrita:

Hacer tarjetas con cinco palabras de uso cotidiano

En un grupo de tres o más personas, cada quien tomará una tarjeta y escogerá tres de las cinco palabras que en ella aparecen y en una hoja describirá cada una de las tres palabras escogidas. No se puede usar parte de la palabra para hacer la descripción; por ejemplo, si la palabra es "panera" no puede decirse "donde se guarda el pan". Una vez descritas las tres palabras pasen la hoja a su compañero de la derecha para que adivine cuáles son las palabras descritas.

Ejemplos de ejercicios para niños de primaria baja (de 1º a 3º)

Felipe Alliende (2004, p. 32) propone el siguiente ejercicio:

1. Completa el siguiente escrito, escribiendo en las líneas la palabra que falte:

A un niño le regalaron una tortuga chiquita

—Le voy a hacer _____ casa —dijo el niño—.

_____ un cajón y le _____ una puerta. Adentro puso _____ verde y un montón _____ paja.

"Aquí mi tortuguita _____ a vivir feliz" —pensaba _____ amigo.

Entonces fue a _____ la tortuga. La encontró _____, totalmente escondida dentro de _____ caparazón.

La tortuga tenía _____ propia —dijo el niño— _____ no me había dado _____. Dejaré la casita que hice para cuando me regalen un animal que no tenga casa propia.

2. Anota en los paréntesis el número que corresponde al orden de los siguientes enunciados:

(   ) La Luna le respondía, y la montaña volvía a preguntar… y la Luna volvía a responder,

(   ) hasta que el final del cuento llegó… y colorín colorado, este cuento se ha acabado.

(   ) Había una vez una montaña que le preguntaba a la Luna.

3. Alguien revolvió los pasos para preparar la mermelada de cereza. Numéralos en el orden correcto.

(   ) Dejar enfriar y ¡listo!

(   ) Escurrirlas y ponerlas en el fuego en una olla con azúcar, agua y la cáscara de limón.

(   ) Hervir hasta que espese, a fuego lento, aproximadamente una hora.

(   ) Limpiar las cerezas y lavarlas perfectamente.

(   ) Cuando la mezcla empiece a hervir, retirar la cáscara de limón.

4. Une con una línea las palabras que rimen:

toronja   besa

diccionario   canela

carro   planetario

muela   monja

Teresa   tarro

5. Sugerir a los niños que escriban una carta a algún amigo, un primo, o a su artista o personaje favorito, en la que le relaten las actividades que más les gusta hacer.

6. Plantearles una situación y pedirles que redacten un mensaje sobre ésta, por ejemplo: Mauricio te invitó a su fiesta mañana. Aunque tu mamá te dio permiso, debes preguntarle a tu papá, pero él va a llegar muy tarde de la oficina hoy. Escribe un recado pidiéndole permiso.

7. Darles elementos para que redacten un texto, por ejemplo:

a. Elige uno de los siguientes seres fantásticos como personaje principal de tu relato. Subráyalo:

—un enano.

—un monstruo.

—una hada.

—un dinosaurio.

b. Piensa en un título.

c. ¿Dónde sucede?

d. ¿Qué le pasa a tu personaje principal? ¿Cuál es el problema al que se enfrenta?

e. Imaginar bien a tus personajes te ayudará a construir un mejor relato. Dibuja a tu personaje principal.

Ejemplos de ejercicios para niños de primaria alta (de 4° a 6°)

1. Escribe en el espacio en blanco la palabra que mejor complete la oración:

Mañana es domingo, _____ hay que descansar.

a) primeramente

b) por lo tanto

c) de tal forma

d) en ese sentido

_____ los altos precios y el mal servicio, nadie acude a ese restaurante.

a) Finalmente

b) En efecto

c) Por eso

d) Debido a

Las oficinas estaban cerradas, _____ tuvimos que regresar otro día.

a) por consiguiente

b) no obstante

c) mientras

d) en principio

La fiesta se canceló _____ la lluvia.

a) efectivamente

b) a causa de

c) de tal forma

d) siempre y cuando

2. Identifica las palabras de la lista que rimen entre sí y escríbelas en parejas.

| escarabajo | enero | camisa | cocina | sombrero | cansado |
| sonrisa | ratones | trabajo | aviones | pesado | vecina |

_____ _____   _____ _____

_____ _____   _____ _____

_____ _____   _____ _____

117

3. Escribe cinco palabras que sólo tengan la vocal "a", por ejemplo: mañana.

_____ _____ _____ _____ _____

4. Escribe cinco palabras que sólo tengan la vocal "e", por ejemplo: deberes.

_____ _____ _____ _____ _____

5. Escribe tres palabras que sólo tengan la vocal "i", por ejemplo: bikini.

_____ _____ _____

6. Escribe cinco palabras que sólo tengan la vocal "o", por ejemplo: goloso.

_____ _____ _____ _____ _____

7. Escribe dos palabras que sólo tengan la vocal "u", por ejemplo: tú.

_____ _____

8. Explica lo que quieren decir las siguientes metáforas:

Mira el cielo de sus ojos: _____

_____

El atleta era una gacela: _____

_____

Ella es un sol: _____

_____

Las perlas de su boca: _____

_____

9. Si tuvieras que escribir sobre el tema "La vida de Diego Rivera", ¿qué orden le darías a los siguientes subtemas?

(   ) La obra.

(   ) Infancia de Diego Rivera.

(   ) La muerte de un gran artista.

Y si el tema fuera: "Los delfines de México"

(   ) Peligros que sufren los delfines en México.

(   ) Costas mexicanas donde se localizan delfines.

(   ) ¿Qué es un delfín?

10. Lee el siguiente texto y coloca los signos de puntuación adecuados donde hagan falta.

Otro de los grandes artistas mexicanos es José Luis Cuevas Ha destacado sobre todo en la gráfica aunque ha producido obra en varias ramas del arte Su carrera tuvo características especiales desde niño mostró un notable talento para el dibujo siendo muy joven su obra se dio a conocer favorablemente a nivel internacional siempre ha sido una persona con mucho carisma de joven criticaba a los artistas mayores que él Cuevas dijo una vez "El arte mexicano se esconde detrás de una cortina de nopal" pues pensaba que a nuestros artistas sólo les interesaba lo mexicano y se olvidaban de lo que ocurría más allá de las fronteras de México

11. Redacta un párrafo sobre el tema que tú elijas, de por lo menos cinco renglones. No puedes usar la letra "e" en ninguna de las palabras.

119

12. Receta para escribir un ensayo corto:

Ingredientes

- Un tema acerca del cual quieras expresar una idea.
- Información sobre ese tema.
- Una opinión personal.
- Información acerca de tus lectores.
- Lenguaje claro, sencillo y ameno.

Preparación

Paso 1: Elige un tema que haga pensar. Por ejemplo, la contaminación del aire, ¿qué es?, ¿qué la provoca?, ¿cuáles son sus efectos?

Paso 2: ¿Qué opinas sobre tu tema? ¿Por qué?

Paso 3: Piensa en tus lectores. ¿Quiénes y cómo son las personas que te gustaría que leyeran tu ensayo?

Paso 4: Escribe un buen título para tu ensayo.

Paso 5: Junta todos estos elementos en una hoja en blanco y redacta un borrador.

Dificultades en el aprendizaje de la escritura

Disgrafía

Es un trastorno de aprendizaje que presentan algunos alumnos a la hora de realizar los trazos gráficos que requiere la escritura.

Causas de la disgrafía:

- Los aprendizajes prematuros. Cuando el niño no ha adquirido la madurez necesaria.

- Carencias educativas: ya sea en el método o en la corrección oportuna.

- Problemas intelectuales.

- Problemas neurológicos o neuromusculares. que pueden presentarse en el niño desde el nacimiento o posteriormente debido a un accidente, donde se observa una pérdida de habilidades previamente adquiridas.

Dificultades asociadas con la escritura

El *Diccionario Enciclopédico de Educación Especial* define las siguientes dificultades asociadas con la escritura:

- **Dislogacusia:** trastorno en la percepción, que se caracteriza por una disminución en la capacidad auditiva con la que el sujeto afectado no distingue claramente los fonemas y se ve disminuida su capacidad de comprensión.

- **Dislografía:** incapacidad para organizar lógicamente el mensaje que se quiere escribir.

- **Disortografía:** dificultad a la hora de reproducir correctamente las grafías.

- **Dispraxia:** debilidad motriz generalizada.

Sugerencias para apoyar la escritura en casa

Es importante promover en casa actividades como las siguientes:

- Leer cuentos.
- Armar rompecabezas.
- Jugar adivinanzas.
- Enseñarles trabalenguas.
- Realizar ejercicios de sopas de letras y laberintos.
- Iluminar y dibujarse a sí mismos.
- Platicar mucho, hacerles diversas preguntas a los niños que los hagan reflexionar, y utilizar nuevas palabras para que aprendan vocabulario.
- Ver una actividad juntos y platicar sobre lo que ven.

Juegos para practicar la escritura

Ahorcados: El objetivo es adivinar la palabra que está representada incompleta con rayitas.

(L i c u a d o)   (A l m o h a d a)

Dibujar la horca. Se van diciendo letras y si se adivinan se anotan todas las que aparezcan en la palabra. Si la letra es incorrecta, se dibuja una parte del ahorcado, en el siguiente orden: cabeza, tronco, una pierna, otra pierna, un brazo, otro brazo, una mano, otra mano, un pie, otro pie. Si en 10 oportunidades no se adivinó la palabra, el participante queda ahorcado. Si la adivina antes de ser ahorcado, gana.

1. **Con una sola letra:** Escribir en un minuto el mayor número posible de palabras que comiencen con una letra determinada. La letra se puede elegir haciendo papelitos con el abecedario y seleccionando una al azar.

2. **De paseo por el abecedario:** Utilizar cada letra del alfabeto para escribir la mayor cantidad de palabras con esa inicial, en el menor tiempo posible; se sugieren para esta actividad dos minutos. Gana el primero que termine y no tenga faltas de ortografía.

3. **El juego de la ortografía:** Hacer la lista más grande de palabras con alguna de las siguientes características: palabras con "ce", "ci", "s", "b", "v", "r", "h", "g", "j", "que", "qui", o con "z". Se elige la característica con que se van a escribir las palabras; puede ser con papelitos, y ganará quien haga el mayor número de palabras sin errores.

4. **Empezando con la última:** Oralmente se le pide a una persona que diga una palabra; la siguiente persona debe usar una nueva palabra que tenga como inicial la última letra de la palabra que mencionó la persona anterior, y así sucesivamente, por ejemplo:

perr<u>o</u> → <u>o</u>l<u>a</u> → <u>a</u>rma.

5. **Basta:** El juego consiste en colocar palabras en al menos seis columnas, de acuerdo con la letra inicial que se va indicando. Previamente se establecen las categorías que se van a jugar, entre las cuales podrían estar: nombre, apellido, animal, flor, fruta o verdura, cosa u objeto, ciudad o país, etcétera. Una vez elegida la letra que se va a usar, los participan-

tes escriben en las columnas las palabras que pertenezcan a las categorías correspondientes y el primero que termine de llenar las columnas grita "basta". Los demás deben dejar de escribir y se contabilizan las respuestas, 50 puntos si dos o más escribieron la misma palabra, 100 si no se repitió la misma palabra y 200 si sólo una persona escribió una palabra en un tema. Ejemplo: letra "A".

NOMBRE	APELLIDO	ANIMAL	FLOR, FRUTA O VERDURA	PAÍS	TOTAL
Álvaro 100	Alcántara 100	águila 50	0	Alemania 100	350

NOMBRE	APELLIDO	ANIMAL	FLOR, FRUTA O VERDURA	PAÍS	TOTAL
Aída 100	Álvarez 100	águila 50	alcatraz 200	Argentina 100	550

6. **Juegos de mesa:** Hay varios juegos de mesa que consisten en formar palabras, algunos con fichas, otros con dados, otros de manera escrita. Pregunten al encargado de una juguetería cuáles pueden ser buenas opciones.

Capítulo 6

MATEMÁTICAS. ¿PROBLEMAS CON LAS MATEMÁTICAS?

Es curioso ver cómo desde niños, después de "ahí viene el coco", a lo que muchos le temen es a las matemáticas, sin darnos cuenta de que son parte de nuestra vida cotidiana y que es difícil que pase un día sin que tengamos que resolver un acertijo matemático.

Desde pequeños los niños se enfrentan a "problemas" relacionados con la cantidad: "¡le diste más helado que a mí!"; de tamaño: "ya soy más grande"; y conforme van creciendo van realizando operaciones sencillas de sumar: "si me das cinco pesos ya me alcanza para la pelota"; de restar: "se me zafó un globo, ya sólo me queda uno", etcétera. Como padres, hemos cometido el error de no hacerles ver a nuestros hijos que las matemáticas nos acompañan y que cuando las conocemos bien les podemos sacar mucho provecho. Y una vez que las entendemos hasta les agarramos cariño.

1. Destrezas básicas y específicas que permiten realizar con éxito las operaciones matemáticas

Así como vimos que para leer y escribir es necesario contar con una serie de elementos que favorecen su aprendizaje, como es tener un buen vocabulario, memoria, etcétera, para adquirir los conocimientos matemáticos también es necesario favorecer algunos aspectos. Miranda, A., Fortes, C. y Gil, M. (2000) señalan los siguientes:

Los que tienen que ver con los procesos básicos son:

a. **Atención.** De acuerdo con el *Diccionario Enciclopédico de Educación Especial* (1989), se ha asociado la atención con los procesos conscientes mediante los cuales se procesan los estímulos ambientales. La capacidad de concentración puede verse afectada por diferentes factores: distractores externos, como el ruido, o internos, como lo serían problemas emocionales, los cuales impiden a la persona estar alerta a lo que ocurre a su alrededor por estar pensando en aquello que le preocupa.

Algunos ejercicios que podemos hacer con nuestros hijos para favorecer su atención son los siguientes:

- Jugar juegos reglados, como *ajedrez, damas chinas, lotería,* entre otros, ya que al jugarlos ellos saben que si no están atentos pueden perder.

- Armar rompecabezas. Esto también favorece el pensamiento lógico, ya que si la pieza es color café no puede ir en donde está el cielo.

- Realizar ejercicios perceptuales como los mencionados en los capítulos sobre lectura y escritura.

- Ponerlos a escuchar una narración, por ejemplo un audiolibro, o leerles nosotros mismos en voz alta. También podemos pedirles que ellos completen partes del texto, por ejemplo: "Había un lobo muy _____".

b. Establecer secuencias temporales. Esto es vital para entender los procedimientos al realizar el algoritmo de diferentes operaciones; por ejemplo, al multiplicar primero hay que hacerlo con las unidades, después con las decenas.

Algunos ejercicios para favorecer este campo son:

- Cocinar –además de pasar un rato agradable con nuestro hijo– cualquier platillo, por sencillo que sea, lleva un orden de preparación, así que él verá de manera concreta cómo primero se baten los huevos, después se pone la harina y finalmente se mete al horno.

- Leer el instructivo de un juego para armar figuras con bloques es una buena herramienta, ya que va indicando el orden para ir poniendo las piezas.

- Planear con ellos las actividades del día: "primero vamos a comprar el regalo, después pasamos a saludar a los abuelos y por último nos vamos a la fiesta". Con los niños más pequeños podemos enlistar pocos pasos y con los más grandes podemos incluso hacer un calendario que abarque todo el día e ir palomeando lo que se va ejecutando.

  1. Tender mi cama
  2. Bañarme
  3. Desayunar
  4. Acompañar a mi papá al taller

c. **Percepción.** Así como al leer y escribir un problema perceptual puede afectar la lectura o escritura de letras, en las matemáticas ocurre algo similar con los números: escriben "6" en lugar de "9", o "28" en lugar de "82"; o pueden acomodar mal las cantidades en una operación matemática y eso puede ocasionar que obtengan un mal resultado. Aquí podemos emplear los mismos ejercicios sugeridos en los capítulos sobre lectura y escritura; por ejemplo, encontrar objetos escondidos en un dibujo y pedirle que los coloree o delinee.

$$\begin{array}{r} 560 \\ + \ 322 \\ \hline 5922 \end{array}$$

d. Discriminación auditiva. Si no escucha bien cuando le dictan un número puede equivocarse y escribir otro, de manera que el error no sería por no saber escribir la cantidad, sino por escribir lo que escuchó. En este caso, pueden emplear los ejercicios que se explicaron en el capítulo anterior al hablar de este mismo tema, como pedirle que con los ojos cerrados te diga qué escucha en el ambiente o dictarle palabras que sólo cambien por una letra como "peso" y "beso".

e. Memoria auditiva y visual. Éstas son necesarias para recordar números, poder seguir un cálculo mental, aprender las tablas, etcétera. También puedes emplear los mismos ejercicios que te sugerimos en lectura y escritura para mejorar la memoria, como enseñarle un dibujo, dejarlo que lo vea por un minuto y después pedirle que te diga o anote todo lo que recordó. Se puede aumentar la dificultad poniéndole palabras o números.

f. Razonamiento. Es la habilidad que te permite resolver problemas, imaginar conclusiones y poder conocer los hechos estableciendo vínculos causales y lógicos entre ellos. Esta habilidad se va desarrollando a lo largo de la vida, por eso es importante cuestionar a los niños en todo momento y no adelantarnos a darles las respuestas. Puedes pedir a tus hijos que resuelvan situaciones cotidianas, por ejemplo: ¿qué tenemos que hacer para alcanzar la pelota que se fue arriba del mueble? Pedir que busque alternativas y analizar la que en ese momento sea más conveniente. También les podemos enseñar chistes, ya que se necesita un buen pensamiento lógico para entenderlos.

Dentro de las destrezas que debemos favorecer para propiciar el éxito en el ámbito de las matemáticas, y que tienen que ver con las características personales, se encuentran:

a. Autoconcepto. Es muy importante contar con una buena imagen de sí mismo para afrontar los retos escolares. Por eso es recomendable fomentar en los hijos que puedan apreciar sus virtudes. Al tener dificultad para resolver ejercicios matemáticos muchos niños los generalizan y se autodescriben como malos para la escuela. Por eso nunca hay que usar expresiones como tú no naciste para esto, "las matemáticas no son lo tuyo", porque el niño asumirá eso como parte de su personalidad y no como un reto que puede superar con empeño y tal vez un poco de ayuda.

b. **Autocontrol.** Un niño que no puede esperar tal vez intentará dar la respuesta antes de que el maestro haya terminado de formular la pregunta. También tendrá dificultad para sentarse a pensar en la mejor solución y dirá lo primero que le venga a la mente al contestar una pregunta. En este caso, podemos ayudar a nuestros hijos de las siguientes maneras:

- Jugando juegos reglados y de mesa, pues ofrecen una buena oportunidad para esperar su turno y obedecer las reglas.

- No darle lo que pida en el momento; se nos critica mucho a los padres de hoy que antes de que el niño desee algo ya se lo estamos dando. Si, por ejemplo, nos pide que le sirvamos un vaso con agua, le podemos decir que cuando terminemos de lavar los platos con gusto lo haremos.

- Enseñarle a postergar una satisfacción. Aquí podemos inculcar el hábito del ahorro; así aprenderá que es preferible no gastar todo lo que se tiene, pero que ese sacrificio brindará un bien mayor.

c. Ansiedad. John Pearce (1995) sostiene que siempre que tiene lugar algún acontecimiento estresante, el primer sentimiento que se experimenta es la ansiedad, lo que explica por qué es la emoción más frecuente. Cuando esta sensación es constante o irracional puede afectar el bienestar del niño. Es difícil que un alumno que está ansioso logre ejecutar con éxito un ejercicio matemático. De igual manera, un niño que presenta dificultad para el aprendizaje de las matemáticas puede generar tal ansiedad que lo puede llegar a paralizar.

Si nuestro hijo presenta algún conflicto para aprender matemáticas es necesario atenderlo de inmediato, para impedir que éste genere un problema de ansiedad. Podemos pedir a un maestro particular que explique los conceptos que no entiende o buscar la ayuda de un psicólogo para que le realice una evaluación psicopedagógica y así poder determinar las causas que lo están originando.

2. Las matemáticas en los niños de preescolar y primero de primaria

a) Conceptos básicos

García Vidal y González Manjón (2001) explican que los conceptos básicos son los que constituyen las nociones elementales que sirven como base para adquirir aprendizajes más complejos.

Cantidad:

Aproximativos. Conceptos como: "mucho-poco", "nada-todo" y "algunos-ninguno".

Comparativos. Temas como: "más que", "menos que", "tantos como".

Operacionales. Ejercicios que involucren poner, quitar o repartir, sin hablar aún de operaciones de suma o resta como tales.

La mejor manera de trabajar estos conceptos con los niños es utilizando material concreto en diversas actividades de la vida cotidiana, por ejemplo:

- Pedirle que ponga *mucha* agua a esta planta, *poca* a la que está en la ventana y *nada* a la que está en la sala.

- Una vez más cocinar es una estupenda manera de trabajar todos estos conceptos: *pon* en cada helado una cereza.

- Al poner la mesa, "reparte *tantos* vasos *como* platos".

- **Reconocimiento de figuras geométricas.** Se recomienda empezar poco a poco. No es conveniente querer enseñar todas de golpe. Algunas actividades pueden ser:

- Jugar a buscar objetos en la casa con una forma determinada.

- Dibujarle en una hoja grande cada figura y después pedirle que la coloree, o que la llene de diferentes materiales como confeti.

– Pedirle que las copie en una hoja y que repita el nombre. Si ven que se le dificulta realizar el trazo pueden poner una línea punteada y después sólo unos puntos para que el niño los una.

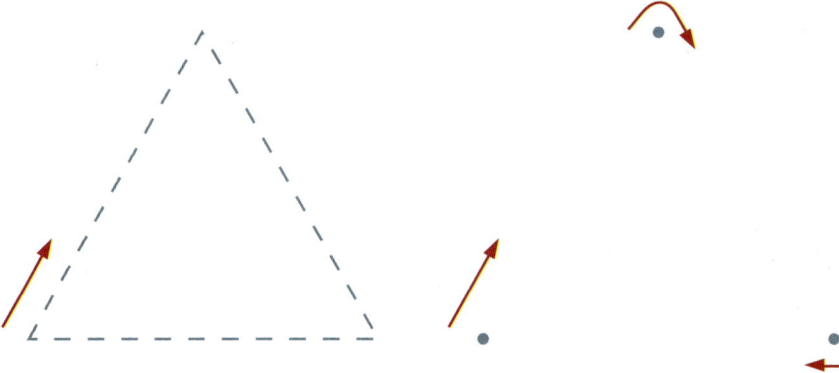

– Comprarle figuras de plástico o madera y que realice diferentes formas con ellas. También las pueden agrupar poniendo, por ejemplo, todos los círculos juntos, etcétera. Además, puedes taparle los ojos y que por el tacto adivine de qué figura se trata.

- **Tamaño.** Chico-mediano-grande y largo-corto. Aquí también lo mejor es utilizar material concreto y permitir a los niños manipularlo e ir haciendo sus propias comparaciones. Por ejemplo, "acomoda tus muñecas *de la más chica a la más grande*".

- **Espaciales.** Se trata de que el niño pueda ubicar los objetos primero en referencia a él y después a otros: "adelante", "atrás", "arriba", "abajo", "izquierda" y "derecha".

  - También se puede favorecer que adquiera estos aprendizajes dando indicaciones como: "pásame el frasco que está a la derecha del pan".

  - Pueden jugar a esconder un objeto y dar pistas para encontrarlo de la siguiente manera: "está *arriba* de tu cama, pero *debajo* del cojín".

- Temporales. Son conceptos como antes-después y primero-segundo-último.

b) Noción de número

Es común creer que un niño ya sabe contar por el simple hecho de que logra repetir de manera correcta la serie numérica, pero para comprender realmente el concepto de número es necesario tener claros los siguientes conceptos:

- **Correspondencia uno a uno.** Esto quiere decir que al contar el niño vaya asociando el número que dice con el objeto que va contando. Hay niños que empiezan a decir de manera veloz la serie numérica y no se percatan de que ya dijeron un número mayor al de los objetos que había, precisamente por no hacer esa correspondencia.

Como papás podemos ayudarlos haciéndolos conscientes y pedirles que cada vez que digan un número vayan tocando cada objeto o que al contarlos los vayan pasando a otro lado. Si tiene que contar dibujos se le puede pedir que les ponga una raya o un punto a los que ya contó.

- **Orden estable.** Cuando una persona cuenta tiene que repetir siempre los números en el mismo orden. Es común cuando los niños están aprendiendo que se salten uno o dos números sin percatarse de ello.

Para aprenderse los números hay que repetirlos, y pueden aprovechar cualquier oportunidad: como contar los escalones al subir, contar coches rojos, etcétera. Por fortuna el sistema decimal es muy amigable y una vez que se aprende a contar hasta el 100 los demás números resultan mucho más fáciles.

- **Cardinalidad.** Significa que el último número que mencionaste es el que te indica la cantidad total de los objetos contados.

- **Abstracción.** De acuerdo con el *Diccionario Enciclopédico de Educación Especial,* es una operación mental que consiste en aislar o separar una parte del todo. Aquí, el niño poco a poco podrá ir agrupando objetos tomando en cuenta varias características; por ejemplo, al preguntarle a un niño qué tienen en común una guitarra y un violín, primero dirá que nada, después dirá lo que puede ver en ellos como que son de madera y tienen cuerdas, pero poco a poco el niño podrá agrupar a ambos en que son instrumentos musicales.

- **Irrelevancia de orden.** Esto significa que no importa por dónde empiece yo a contar, al terminar siempre obtendré el mismo resultado.

Puedes jugar con tus hijos poniéndolos a contar objetos; después sepáralos o júntalos, y pídeles que los vuelvan a contar: tal vez se confundan al ver el espacio y crean que la cantidad cambió. Los niños que ya tienen claro este concepto quizá te cuestionarán: "¿para qué quieres que los vuelva a contar?".

Estrategias para desarrollar habilidades matemáticas en nuestros hijos pequeños

En este punto, Ana Miranda, Carmen Fortes y María Dolores Gil (2000) dan algunas recomendaciones que retomamos y explicamos a continuación:

a. Jugar con ellos: Luis Ferrero (1991) señala que jugar constituye un buen punto de partida para la enseñanza de las matemáticas, pues desarrolla técnicas intelectuales, potencia el pensamiento lógico y enseña a razonar, entre otras cosas. Además, el niño estará interesado y motivado para desarrollar estas habilidades. Sugiere, también, tener en cuenta los siguientes puntos:

- La edad del niño y sus habilidades, para que no sea tan fácil que no represente un reto pero tampoco tan difícil que lo desanime. La mayoría de los juegos de mesa tienen en la caja o en las instrucciones la edad sugerida, y en muchas ocasiones presentan opciones de juego de acuerdo con la edad.

- Al principio puedes decir en voz alta tu estrategia para ganar un juego o analizar la jugada a fin de que el niño se vaya percatando y la vaya asimilando. Por ejemplo, al jugar *parkase* (o *parchís*) le podemos decir: "mejor no dejo esta ficha sola porque me la puedes comer".

- Durante el juego pueden ir viendo aspectos como: quién va ganando, cuántos faltan para llegar, contar cada casilla al avanzar, etcétera.

- Hay juegos que pueden hacerse al aire libre y que también desarrollan habilidades en nuestros hijos. Están los tradicionales, como *las sillas, las atrapadas,* etcétera.

- En Internet y en algunas tabletas personales hay una gran variedad de juegos matemáticos. Podemos negociar con nuestros hijos descargar uno de entretenimiento y uno que le implique un reto mental.

b. Contarles cuentos: Podemos utilizarlos como herramientas para que utilicen la lógica: "¿será posible que eso ocurra?"; la deducción y la predicción: "¿qué pasará?"; para introducir conceptos matemáticos podemos utilizar clásicos como *Ricitos de oro,* que aborda tamaños (cama chica, mediana y grande), asociaciones (la chica le corresponde al bebé oso), etcétera.

c. Enseñarles canciones: La mayoría de los niños disfrutan cantar. Podemos cantar con ellos algunas canciones que ejerciten el conteo, como la clásica de *Un elefante se columpiaba,* o de restar como la de *Yo tenía diez perritos.*

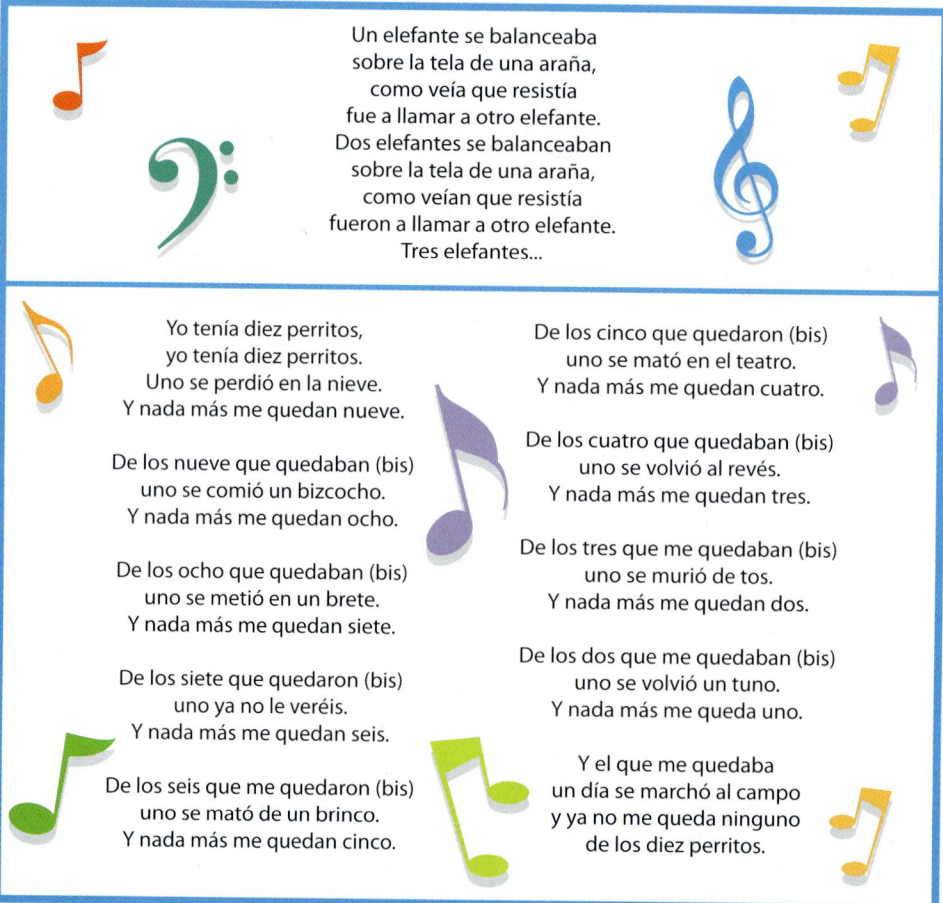

Un elefante se balanceaba
sobre la tela de una araña,
como veía que resistía
fue a llamar a otro elefante.
Dos elefantes se balanceaban
sobre la tela de una araña,
como veían que resistía
fueron a llamar a otro elefante.
Tres elefantes...

Yo tenía diez perritos,
yo tenía diez perritos.
Uno se perdió en la nieve.
Y nada más me quedan nueve.

De los nueve que quedaban (bis)
uno se comió un bizcocho.
Y nada más me quedan ocho.

De los ocho que quedaban (bis)
uno se metió en un brete.
Y nada más me quedan siete.

De los siete que quedaron (bis)
uno ya no le veréis.
Y nada más me quedan seis.

De los seis que me quedaron (bis)
uno se mató de un brinco.
Y nada más me quedan cinco.

De los cinco que quedaron (bis)
uno se mató en el teatro.
Y nada más me quedan cuatro.

De los cuatro que quedaban (bis)
uno se volvió al revés.
Y nada más me quedan tres.

De los tres que me quedaban (bis)
uno se murió de tos.
Y nada más me quedan dos.

De los dos que me quedaban (bis)
uno se volvió un tuno.
Y nada más me queda uno.

Y el que me quedaba
un día se marchó al campo
y ya no me queda ninguno
de los diez perritos.

d. **Realizar actividades que favorezcan diferentes campos como:**

- **La lógica.** Podemos ponerlos a clasificar objetos y tarjetas tomando en cuenta diferentes criterios: los animales, las plantas, personas, etcétera. Hay unas figuras de madera que se llaman bloques lógicos, compuestos por figuras geométricas de diferentes tamaños y colores; con ellas podemos enseñar a nuestros hijos a clasificar por color, tamaño, forma, etcétera. A los niños más grandes ya los podemos poner a clasificar palabras.

Colorea de azul los transportes que viajan por el agua, de rojo los que viajan por tierra y de verde los que viajan por aire.

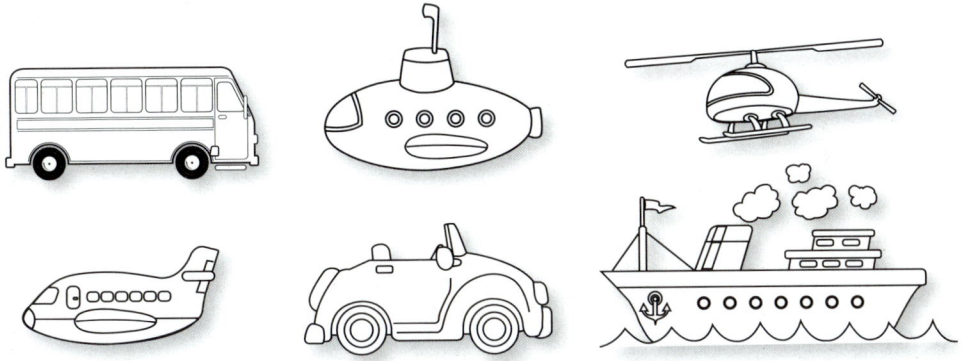

Copia las siguientes palabras en la columna que le corresponde.

vaca   pollo   pez   tortuga

Viven en el agua   Viven en la granja

_____   _____

_____   _____

- **El cálculo.** Con los niños más pequeños también podemos utilizar objetos y jugar a quitarlos y ponerlos. Por ejemplo, les gusta mucho jugar "a la tiendita", ya que les encanta cobrar, dar cambio y buscar y entregar los productos solicitados. Con los más grandes podemos utilizar lápiz y papel y con imágenes plantearles problemas de poner, quitar y repartir. Hay muchos libros de matemáticas que te pueden dar ideas creativas.

- **La medida.** Podemos usar medidas arbitrarias en un inicio, como contar cuántos pasos necesito para llegar a la pared, y pueden primero predecir el resultado y después corroborarlo. Con los más grandes podemos utilizar cinta métrica para medir objetos grandes y regla para medir los más pequeños.

- **El tiempo.** Esta noción es una de las que más trabajo les cuesta entender a los niños. Podemos comprar un calendario e ir tachando los días que van pasando y ver cuánto falta para que llegue su cumpleaños o para ir a un paseo deseado. También es importante hacerles notar cómo está oscureciendo y que eso implica que el día está por terminar. Antes de enseñarles a leer el reloj podemos decirles: "cuando la manecilla grande llegue al número 12 tienes que guardar tus juguetes, porque eso indica que ya pasó una hora".

3. Las matemáticas en los niños de primaria

Una vez que los niños ingresan a la primaria, comienza para muchos el aprendizaje formal. Esto les asusta porque en muchas escuelas utilizan poco el material concreto y empiezan a emplear únicamente lápiz y papel. Se atribuye, en gran medida, como causa de la dificultad del aprendizaje de las matemáticas una mala enseñanza.

Los niños en este nivel empiezan a trabajar los siguientes conceptos:

a. **Reconocimiento de números naturales.** Dependiendo del grado escolar que cursen, los niños deben poder contar, leer y escribir cantidades, identificar cuál número va antes y cuál va después de otro. Y algo muy importante es entender el sistema decimal y saber que de acuerdo con el lugar que ocupa un número significa su valor. Muchos niños que no tienen claro este concepto se confunden, principalmente cuando las cantidades tienen ceros intermedios; por ejemplo leen: "625" por "6,025".

b. Algoritmo de operaciones básicas. Durante la primaria va aumentando el grado de complejidad y los niños van aprendiendo las operaciones de suma y resta (con o sin transformación), y a multiplicar y a dividir.

c. Planteamiento y resolución de problemas. Al plantear problemas matemáticos, los niños por lo general tienen que emplear alguna de las cuatro operaciones básicas, que es cuando enfrentan dos retos: comprender la situación planteada para saber qué operación deben emplear y realizarlas correctamente.

d. Otras competencias. Otros temas que se abordan son: fracciones, números decimales, medición, geometría, tratamiento de la información, predicción y azar.

Estrategias para apoyar a los niños que cursan la primaria

a. Jugar con ellos. Al igual que con los niños más pequeños, jugar es una estupenda manera de ayudar a nuestros hijos a trabajar la atención, el razonamiento, etcétera, de una manera que los motive y entretenga.

- Juegos de mesa. A esta edad se recomienda utilizar juegos como *ajedrez, cuatro en línea, batalla naval,* entre otros. No olvides propiciar la reflexión de tu hijo, invitándolo a pensar su tiro antes de realizarlo. Pueden realizar juntos algunos juegos, por ejemplo una *memoria* con las tablas de multiplicar, donde una tarjeta sea la operación y la otra el resultado.

- Acertijos matemáticos. Existen varios libros que ofrecen una gran variedad de adivinanzas que propician el análisis. Inicia con ejercicios sencillos para que tu hijo vaya tomando confianza y ve incrementando el grado de complejidad poco a poco. También pueden jugar a adivinar números dando pistas como éstas: "Es un número de 2 cifras mayor a 40 y menor a 50 y está exactamente entre los dos números. ¿Cuál es?". Obviamente pueden ir alternándose y cada uno va diciendo pistas para adivinar.

  Pueden aprovechar momentos de estar juntos, como caminos largos en carretera, para formar equipos en la familia y pasar un rato agradable resolviéndolos.

- Juegos de lápiz y papel. Un buen ejemplo es el *sudoku,* pues lo hay de varios niveles. También pueden encontrarse sopas de números o puedes ponerle a tu hijo en una hoja de papel varias operaciones y pedirle que asocie cada una con el resultado correcto.

- Hay una gran variedad de juegos matemáticos en Internet y en las tabletas electrónicas que consisten en resolver sumas y restas sencillas, o les aparecen al azar diferentes tablas y tienen que poner el resultado. También hay con acertijos matemáticos. En este sentido, podemos utilizar la tecnología para atraer la atención de nuestros hijos.

b. Individualización de la enseñanza. Como padres tenemos que ser lo suficientemente sensibles para adecuarnos al máximo al nivel y necesidades específicas de cada uno de nuestros hijos, ya que todos pueden tener diferentes capacidades, intereses y formas de aprender.

c. Análisis de las tareas. Como papás debemos estar alertas a las tareas. En caso de que no resuelva con éxito una operación, podemos analizar con él dónde estuvo el problema: puede ser que aún no tenga claro el algoritmo de la operación, o que presente dificultades de concentración, o que acomode mal las cifras. Es importante hacerlos conscientes de sus fallas, sin ofenderlos, para que no las repitan. Muchos niños trazan números poco legibles, donde se confunde el "6" con el "0" y sólo por eso pudiéramos creer que no saben sumar.

d. Apoyar el cálculo sobre el mayor número posible de sentidos. Para facilitar su comprensión es recomendable utilizar gráficos, diagramas, juegos, y permitir que, por ejemplo, nuestro hijo estudie las tablas de multiplicar con discos especiales para esto o escribiendo las tablas en una cartulina u hoja de rotafolio para que entren en su memoria visualmente.

e. La manipulación debe preceder a la representación simbólica.
Permitamos a nuestros hijos resolver el problema con elementos reales,
que pueda manipular; después, que represente la operación con un
dibujo, luego con elementos simbólicos (círculos o cruces), para que al
final pueda transcribir la operación matemática.

**f. Las operaciones aritméticas y los problemas deben partir de la
experiencia diaria.** Sólo así serán significativos para el alumno. De
esta forma, si tu hijo no tiene claro algún problema que deba resolver,
trata de adecuarlo a situaciones reales y significativas para él. Cambia
los personajes y los datos de manera que le resulten interesantes, pero
conserva las operaciones que deben desarrollarse.

g. Asegurarnos de que dominan el vocabulario adecuado. Por ejemplo, juntar, reunir, poner, agregar, etcétera.

¿Cómo saber si hay una dificultad?

De acuerdo con Miranda, Fortes y Gil (2000), algunos indicadores de alarma en el aprendizaje de las matemáticas pueden ser si a los cuatro años el niño comete errores como los que se explican a continuación:

En cuanto al conteo:

- **Secuencia.** No ha aprendido a contar del 1 al 10.

- **Partición.** No lleva control sobre cuáles objetos ya contó y cuáles no, lo que hace que vuelva a contar el mismo objeto dos veces, o que omita contar alguno.

- No realiza ningún intento de etiquetar los objetos de un conjunto, con una palabra para contar, es decir, no relaciona un objeto con un número.

- No entiende la regla del valor cardinal; es decir, no sabe que si el último número que mencionó fue 8, sólo hay 8 objetos.

- No es capaz de separar 5 objetos entre varios más cuando se le pide.

En cuanto al desarrollo del concepto de número:

- Incapacidad para seguir un orden al asociar números a un grupo de objetos.

- Usa repetidamente algún número; es decir, no importa el número de elementos que haya, siempre dice que hay 5, por ejemplo.

- Tiene dificultad para agrupar conjuntos de acuerdo con un criterio dado; por ejemplo, si le pides que ponga juntas todas las pelotas grandes.

- Cree que si se cambian de lugar los objetos, tendrán un número distinto. Si después que ya los contó le pides que los ponga encima de la mesa y le preguntas cuántos son, tendrá que volver a contarlos.

En cuanto al desarrollo de la suma y la resta:

- Se le complica establecer la relación entre determinado número y el que le sigue y precede. Esto se conoce como antecesor y sucesor. Por ejemplo, si le preguntas qué número va después o antes del 8 no te sabrá contestar.

- Puede resolver problemas de 5 + 1, pero no de 1 + 5.

Los mismos autores señalan que hay que estar atentos a los siguientes signos de riesgo, ya que si no se detectan y trabajan a tiempo pueden convertirse en dificultades en el aprendizaje:

- Errores al distinguir los números, tanto al leerlos como al escribirlos; por ejemplo el "2" del "5".

- Dificultad para entender el valor de un número según su posición, como unidad, decena, centena, etcétera; por ejemplo, no tiene claro que el "1" de 41 tiene un valor distinto al "1" del número 15.

- No comprende que el valor de una cantidad no cambia, aunque cambie su forma y disposición.

- Se le complica hacer clasificaciones.

- Dificultad para hacer cálculos mentales sencillos.

- Problemas en la comprensión del concepto de medida; por ejemplo, se le complica leer la hora, el valor de las monedas, etcétera.

- Dificultad al realizar las siguientes operaciones aritméticas:

Suma: No suman mentalmente, necesitan tener algo material como contar con los dedos u objetos sencillos. Colocan mal las cantidades y no entienden el concepto de "llevar".

Resta: A muchos niños se les complica la posición espacial; entonces restan simplemente la cantidad mayor menos la cantidad menor; no saben dónde deben poner lo que "llevan".

Multiplicación: Los principales obstáculos son la memorización de las tablas y el cálculo mental.

División: Se combinan las tres operaciones anteriores, por lo que si no las entiende a la perfección tendrá dificultades. Los principales problemas con esta operación están en la disposición espacial. Les cuesta mucho trabajar con más de una cifra en el divisor.

Es importante que tomes en cuenta que al ir aprendiendo las matemáticas, el niño seguramente irá presentando alguno de los errores que se citan antes y eso no implica que tenga un problema serio. Pero si después de un tiempo estos problemas persisten a pesar de haber empleado distintos materiales o incluso de haber tomado alguna clase especial, te sugerimos llevarlo con un psicólogo para que le haga una evaluación psicopedagógica y pueda determinar lo que está ocasionando la dificultad.

¿Qué es la discalculia?

Miranda, Fortes y Gil (2000) señalan que el término viene de "acalculia", que significa ceguera para los números. Henschen lo describió como la pérdida de la habilidad en adultos para realizar operaciones matemáticas, producida por una lesión focal del cerebro. Después, Gertsmann sugirió que la "acalculia" estaba determinada por un daño neurológico en la región parieto-occipital izquierda.

Como las dos anteriores, han existido muchas teorías que consideran que la principal causa de las dificultades en el aprendizaje de las matemáticas son daños neurológicos. Sin embargo, hay otras que defienden la idea de que las dificultades en el aprendizaje de las matemáticas tienen una base experiencial, donde destacan la importancia de los factores actitudinales y motivacionales y recalcan la idea de que en muchas ocasiones un leve problema en el aprendizaje de las matemáticas que empieza a afectar el ambiente académico del niño, afecta a su vez su autoestima, su autoconcepto, el manejo de sus emociones, su interés por la escuela, etcétera. Todo esto trae como consecuencia una disminución en la competencia del niño y, por lo tanto, aumento de la dificultad en la materia.

¿Te gustaría que tu hijo estuviera dentro de ese círculo vicioso? ¡Piénsalo! Observa sus problemas y acompáñalo. ¡Que tu hijo no sea el que además de al "coco", le tenga miedo a las matemáticas!

Capítulo 7

INTELIGENCIA EMOCIONAL

La inteligencia emocional es una herramienta potencial con la que todos contamos. Antes se creía que las personas inteligentes eran aquellas que sacaban sólo "10" en la escuela, o que destacaban por algún conocimiento específico; sin embargo, se sabe que ese potencial necesita complementarse con otras habilidades que permitan a la persona desenvolverse mejor en su entorno familiar, laboral, escolar y social.

Iniciamos este tema pidiéndote que respondas el siguiente cuestionario, adaptado del libro *Inteligencia emocional* (María Elena López y María Fernanda González, 2004). Al final del capítulo encontrarás algunas reflexiones sobre estas preguntas.

Evalúe su inteligencia emocional como padre

Algunas actitudes de los adultos influyen de manera significativa en la adquisición de habilidades de inteligencia por parte de sus hijos. Las siguientes preguntas constituyen una referencia para reflexionar acerca de este tema. Contesta de manera sincera escribiendo: *Sí, No* o *A veces*.

1. ¿Discutes abiertamente tus errores? _____

2. ¿Te consideras una persona optimista? _____

3. ¿Promueves las buenas relaciones entre tus hijos? _____

4. ¿Controlas y orientas a tus hijos sobre el contenido violento de los programas de televisión y videojuegos? _____

5. ¿Dedicas 15 minutos por día o más con tus hijos en juegos o actividades no estructuradas? _____

6. ¿Tienes formas claras y coherentes de ejercer disciplina y de hacer respetar las normas? _____

7. ¿Participas con tus hijos en actividades de servicio a la comunidad? _____

8. ¿Les enseñas a tus hijos a relajarse como una forma de enfrentar el estrés, el dolor o la ansiedad? _____

9. ¿Intervienes cuando tus hijos experimentan dificultades para resolver un problema? _____

10. ¿Celebras reuniones regularmente? _____

11. ¿Insistes en que tus hijos siempre exhiban buenos modales con los demás? _____

12. ¿Te tomas tiempo para enseñar a tus hijos a percibir el aspecto humorístico de la vida cotidiana, incluso en sus problemas? _____

13. ¿Eres flexible con los hábitos de estudio y la necesidad de organización de tus hijos? _____

14. ¿Alientas a tus hijos a seguir tratando aun cuando se quejen de que algo es demasiado difícil o incluso cuando fracasan? _____

15. ¿Insistes en que tus hijos mantengan una dieta saludable y que hagan ejercicio diariamente? _____

16. ¿Confrontas a tus hijos cuando sabes que no dicen la verdad, aun en cuestiones menores? _____

Daniel Goleman impulsó el término *inteligencia emocional* en 1995, para referirse a la capacidad de reconocer sentimientos propios y ajenos y a la habilidad para manejarlos.

La inteligencia emocional se puede organizar en cinco aspectos:

1. Conocer las emociones y sentimientos propios (autoconocimiento).

2. Manejarlos (autocontrol).

3. Reconocerlos en otros (empatía).

4. Crear la propia motivación (automotivación).

5. Relacionarse con los demás (habilidades sociales).

A continuación explicaremos cada uno de tales aspectos y te daremos algunas estrategias para que puedas desarrollarlas en ti y en tus hijos.

1. Autoconocimiento emocional

Significa conocerse a sí mismo. Es la capacidad para reconocer las propias emociones y así poder controlarlas, manejarlas y expresarlas adecuadamente.

Cuando la familia es capaz de permitir y comprender la expresión de sentimientos, el niño se sentirá seguro y capaz de relacionarse con otras personas. Por ejemplo, cuando llega un nuevo hermanito decimos a nuestros otros hijos: "tienes que quererlo", y al hacerlo les negamos la posibilidad de que expresen lo que realmente sienten. En realidad se vale que el niño diga que está enojado porque le acaban de quitar la atención de los papás y la de los demás miembros de la familia.

Estrategias para ayudar a nuestros hijos a que logren el autoconocimiento

Hacer caso a los sentimientos del niño: Es importante ser sensible al lenguaje corporal de nuestro hijo. Por ejemplo, si vemos que llega con carita triste y le preguntamos "¿cómo te fue?", y nos dice que bien, podemos hacerle ver que su expresión y tono de voz nos están diciendo otra cosa.

Cuidar el lenguaje de nuestro cuerpo: Escuchándolo atentamente, mirándolo a los ojos y dejando de hacer otras cosas mientras nos habla, ya que con estas actitudes abrimos el canal de comunicación y facilitamos a la otra persona que exprese abiertamente sus sentimientos.

Aceptar y no descalificar los sentimientos del niño: A veces sin darnos cuenta nuestra expresión facial desaprueba lo que nos dice nuestro hijo y evitamos que él se sienta con la confianza de contarnos las cosas. También es recomendable permitirle que se exprese sin juzgarlo y sin usar expresiones como: "¿y por esa tontería lloras?".

Enseñarle las principales emociones que existen: Ira, miedo, alegría, amor, tristeza. Cuando los niños son pequeños podemos apoyarnos en libros, películas, etcétera, y comentar con ellos las diferentes emociones de los personajes, ya que a veces es más fácil empezar identificándolas en otros que en ellos mismos. Si son pequeños, es más fácil valernos de los animales para poner en éstos emociones; por ejemplo: "el patito estaba muy triste porque no lo querían los demás animales del corral".

Ayudar a reflexionar y determinar las causas y efectos de sus propias emociones: Es bueno enseñar a nuestros hijos a identificar las situaciones que les provocan malestar para prevenir un mal momento; por ejemplo, si se enojan porque cuando llegan sus primos les toman todos sus juguetes, podemos identificar esto, no juzgarlo y buscar una solución, como decirle: "puedes guardar tu juguete favorito y deja fuera los que quieras compartir con ellos".

Expandir su vocabulario emocional: Una vez que los niños tengan claro cuáles son las emociones básicas, podemos explicar que cada una tiene matices y que no es lo mismo decir "estoy molesto" a "¡estoy furioso!".

Identificar las emociones, para ello el cuerpo te avisa: Explicar a los niños que el cuerpo es muy sabio y muchas veces antes de que racionalmente sepamos cómo nos sentimos nos da señales, por ejemplo: "cuando estoy muy nervioso siento un nudo en el estómago".

Permitir verbalizarlas: Cuando hablamos y expresamos nuestras emociones nos podemos desahogar y ayudamos a los demás a que nos comprendan mejor. Por eso en todo momento hay que propiciar que nuestros hijos expresen cómo se sienten.

A continuación les proponemos realizar la siguiente actividad que les permitirá reconocer de mejor manera la forma en que el cuerpo nos comunica cuando nos invade una emoción:

En la tabla 1 encontrarás diferentes sensaciones que se experimentan con algunas emociones.

Escribe en la columna izquierda a cuál de las siguientes emociones se refiere: felicidad, tristeza, ira, miedo o amor; en la derecha escribe algunos sinónimos o expresiones relacionadas. Guíate con el ejemplo, después compara tus respuestas con las de la tabla 2. Puedes practicar este ejercicio con tus hijos, les será de gran utilidad.

Tabla 1

	SENSACIONES	EXPRESIONES MÁS COMUNES U OTRA FORMA DE DECIRLO
Ira	La sangre fluye a las manos; el ritmo cardiaco aumenta; el rostro se enrojece y la temperatura corporal aumenta.	Enojo, rabia,
	La sangre fluye a los músculos grandes, el rostro palidece, un frío intenso recorre el cuerpo y pareciera que se paraliza.	
	Relajación muscular, entusiasmo en general y aumento de la energía.	
	Disminución de la energía y de la actividad en general; el ritmo cardiaco y el metabolismo disminuyen.	
	Reacciones generalizadas de calma y satisfacción; el cuerpo se prepara para dar y funciona en equilibrio.	

Tabla 2

EMOCIONES	SENSACIONES	EXPRESIONES MÁS COMUNES U OTRA FORMA DE DECIRLO
Ira	La sangre fluye a las manos; el ritmo cardiaco aumenta; el rostro se enrojece y la temperatura corporal aumenta.	Agresión, rabia, desprecio, irritabilidad, exasperación, hostilidad.
Miedo	La sangre fluye a los músculos grandes, el rostro palidece, un frío intenso recorre el cuerpo y pareciera que se paraliza.	Temor, terror, angustia, aprensión, nerviosismo.
Felicidad	Relajación muscular, entusiasmo en general y aumento de la energía.	Placer, alegría, extroversión, satisfacción, gratificación, complacencia.
Tristeza	Disminución de la energía y de la actividad en general; el ritmo cardiaco y el metabolismo disminuyen.	Depresión, desolación, pena, desconsuelo, aflicción, amargura, melancolía, pesadumbre, pesar, quebranto. nostalgia, tribulación, desdicha.
Amor	Reacciones generalizadas de calma y satisfacción; el cuerpo se prepara para dar y funciona en equilibrio.	Cariño, afecto, apego, ternura, pasión, adoración, afición, predilección, querer.

Adaptado de: *Inteligencia emocional,* Tomo I, López, María Elena y María Fernanda González, Ediciones Gamma, S.A., Colombia, 2004.

2. Autocontrol

Es la capacidad de manejar y controlar los estados emocionales para asumir la responsabilidad de los propios actos. Las situaciones en sí mismas *no* producen sentimientos. Es *nuestra percepción* de la situación la que nos hace sentir bien o mal, tristes o felices. Reaccionamos a partir de lo que sentimos.

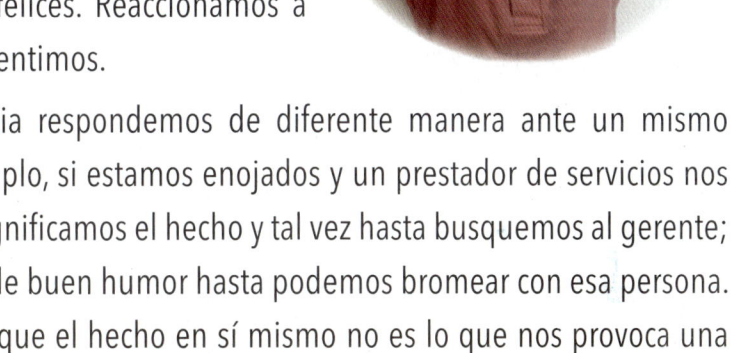

Con frecuencia respondemos de diferente manera ante un mismo evento; por ejemplo, si estamos enojados y un prestador de servicios nos atiende mal, magnificamos el hecho y tal vez hasta busquemos al gerente; pero si estamos de buen humor hasta podemos bromear con esa persona. Eso quiere decir que el hecho en sí mismo no es lo que nos provoca una emoción, sino la manera como lo interpretamos.

Estrategias para el autocontrol

Algunas reacciones son exageradas y ocurren "en automático", sin control. Cuando reaccionamos así por lo general nos quedamos con culpa. Por ejemplo, si al desayunar nuestro hijo tira la leche y además del desastre en nuestra cocina resulta que tiene que cambiarse de ropa, puede ocurrir que al instante gritemos cosas como: "eres un tonto", "nunca te fijas" y "ahora llegaremos todos tarde por tu culpa". Nos enojamos con él, dañamos su autoestima, perdemos más tiempo en regañar que en solucionar y, para colmo, después de dejar al niño en el colegio cargamos todo el día con una culpa espantosa por el "numerito" que armamos en la mañana.

Para aprender a *responder* en lugar de *reaccionar* te proponemos: "PRPR" (Pausa - Respira - Pregunta - Respuesta).

Esta fabulosa técnica no sólo es útil para nosotros; también se la podemos enseñar a nuestros hijos para tener un mejor autocontrol. Sigue estos sencillos pasos:

Pausa: No reacciones inmediatamente, el puro hecho de sentarnos nos tranquiliza.

Respira: La respiración es muy importante para relajarnos en los momentos difíciles del día. La respiración ayuda a controlar mejor las emociones que a veces nos toman desprevenidos.

Pregunta: Piensa si el hecho amerita una reacción tan grande, y qué solución práctica puedes dar.

Responde: Ahora ya estás listo para dar una respuesta más asertiva.

A continuación, piensa en un hecho cuya reacción no te haya gustado, y especula sobre la actitud más asertiva que pudiste haber tenido. Siguiendo el ejemplo del vaso de leche, quizá pudiste decirle a tu hijo que subiera rápido a cambiarse; así tú tendrías tiempo de relajarte antes de regañarlo.

Sabemos que esto no es tan fácil, pero si lo vas practicando poco a poco lo lograrás, y recuerda que los hijos aprenden más de lo que ven que de lo que escuchan. Si ellos ven en casa que sus padres no reaccionan "en automático" y que se tranquilizan antes de actuar, ellos imitarán ese comportamiento en el futuro.

Otras estrategias útiles para enseñar a nuestro hijo el autocontrol

Mostrarle que es posible modificar situaciones difíciles a través del ensayo o la preparación previa: Por ejemplo, podemos practicar con nuestro hijo cómo le va a pedir a su maestra que le revise un examen que él cree que está mal calificado.

Enseñarle al niño técnicas de relajación y respiración: Pueden ser desde enseñarlos a respirar, relajarlos con un buen baño o música tranquila, y hasta inscribirlos en clases de meditación o yoga para niños.

No inculcar ideas como "los que pierden son unos tontos": Este tipo de ideas hacen que, cuando se pierde, "en automático" se asocie con una sensación de fracaso y, a su vez, esto nos hace reaccionar negativamente, pues no queremos que nuestros padres vean que somos unos perdedores.

Tener en casa buenos hábitos de alimentación y sueño: Como vimos en el capítulo 1, una buena alimentación y suficientes horas de sueño permitirán al niño estar de mejor humor; esto le ayudará a reaccionar mejor ante situaciones difíciles.

Realizar ejercicio: El ejercicio es un estupendo medio para quitar el estrés. Si su hijo no es amante de los deportes, puede ir con él a un parque y con el solo hecho de correr, subir y bajar por la resbaladilla habrá logrado liberar una gran cantidad de energía.

3. Motivación

La **motivación** es la habilidad que permite fijarse metas para lograr un reto o realizar un proyecto. Nunca te duermas sin un sueño, porque si no tenemos una meta se te puede pasar el tiempo sin hacer nada. Cuántas veces hemos oído a gente decir: "¡Ay!, yo siempre quise viajar, pero…", "¡Cómo me hubiera gus-

tado aprender a tocar la guitarra!", etcétera. Por eso es importante fijarse objetivos a lo largo de la vida e irlos cumpliendo.

Estrategias para crear motivación

1. **Fijar los objetivos responsablemente. ¿Qué quiero lograr?:** Siempre hay que buscar nuevos retos. Las metas o propósitos pueden ser tan ambiciosos o simples como queramos o de acuerdo con el momento de la vida que estoy pasando.

2. **Revisar los recursos para lograrlo:** Una vez que te fijes una meta, es importante ver si es realista y para ello necesitas revisar los recursos

con que cuentas: desde los económicos y sociales hasta el tiempo, entre otros. Por ejemplo: si mi hijo sacó un 6 en el examen, la meta puede ser ir por un 7, ya que si le exigimos que del 6 pase directo al 10 se le hará algo tan lejano y lo verá tan difícil, que se puede dar por vencido fácilmente. Después, podemos idear juntos una estrategia para lograrlo, por ejemplo tomar clases particulares, ir a terapia, etcétera.

3. **Enfocar las propias emociones y la experiencia al servicio del logro de los objetivos:** Hay que recordar constantemente a nuestros hijos todas las cosas que sí hacen bien y los logros que han tenido, pues eso les dará la motivación necesaria para intentar el nuevo reto. Por ejemplo, podemos mostrarle que si logró realizar bien sus tareas de matemáticas, es posible que logre resolver exitosamente el examen.

4. **Uno de los aspectos más importantes para lograr lo que se quiere es la capacidad para superar la frustración y mantener un esfuerzo persistente frente al trabajo:** Hay que explicar a nuestros hijos que si me doy por vencido a la primera nunca voy a lograr nada. Ellos deben saber que en la vida siempre habrá obstáculos y depende de mí que ellos me paralicen o me impulsen a seguir adelante. Hay ejemplos de personajes famosos que nos pueden servir de inspiración, como Martin Luther King, Mahatma Gandhi y Nelson Mandela, entre otros. Puedes leer con tus hijos sus biografías y conocer las dificultades que enfrentaron.

5. **Expresar a tu hijo todas las cosas que te gustan de él:** A veces se nos olvida reconocerles todo lo bueno que tienen y hacen, pues nos dedicamos a resaltar sus errores y rara vez les reconocemos lo que sí hacen bien. Esto, como ya hemos visto, se debe hacer de manera objetiva para que el niño entienda claramente cuál es la acción que nos agrada. Por ejemplo, en lugar de decir: "qué bonito dibujo", se le puede precisar: "veo mucha dedicación en este dibujo, no te saliste del contorno y utilizaste muy bien los colores; se ve muy alegre". Conviene recordarles que nuestro amor por ellos es incondicional y que los queremos igualmente aun cuando fallen, para que no asocien equivocadamente que los queremos sólo cuando las cosas salen bien. De hecho, es muy importante aprovechar esos momentos en los que las cosas no les han salido tan bien como esperábamos, para hacerles sentir nuestro amor. Se les puede decir, por ejemplo: "igual te quiero aunque no hayas metido goles en el partido".

6. **Apoyar a los niños a establecer objetivos PERSONALES:** Hay que evitar frases como: "Tu maestra se va a poner feliz" o "A tu papá le encanta cuando anotas una canasta", ya que sin darnos cuenta con ese tipo de frases les enseñamos que deben hacer las cosas por los demás y no por ellos mismos. Por eso vemos a los niños preguntándonos a cada momento: "¿me quedó bonito?", "¿lo hice bien?", como si su propia opinión no contara. En realidad, lo que buscan es respaldarse en la

valoración que hacemos de ellos, para poder tomarla como referencia, hacerla suya y poder valorarse a sí mismos y a los demás.

Por último, recuerda que en los niños con dificultades escolares la automotivación es de suma importancia, pues siempre tendrán que dar un paso extra al de sus compañeros.

Ahora te proponemos que hagas la siguiente actividad: escríbele una carta a cada uno de tus hijos expresándoles todas las cosas buenas que tienen y que te gustan de ellos. Eso les ayudará a adquirir una mayor confianza y les permitirá tener seguridad para plantearse nuevos retos. También puedes aprovechar fechas especiales para hacerles un reconocimiento por escrito; por ejemplo, al terminar un ciclo escolar, al participar en una competencia, etcétera.

4. Empatía

Es la habilidad para tener conciencia de los sentimientos, necesidades y preocupaciones de los otros y responder adecuadamente a ellos. Es lo que se conoce como empatía o "ponernos en los zapatos del otro". Esto te permite:

- Establecer relaciones más profundas.
- Tener mejor comunicación con los demás.

- Desde la empatía es más fácil perdonar y no acumular rencores, pues comprendemos que los demás, al igual que nosotros, se pueden equivocar y cometer errores.

Estrategias para desarrollar empatía

Procura practicar la empatía dentro de la casa: Recuerda que los niños que se sienten entendidos desarrollan la capacidad de comprender a los demás.

Shapiro (1997) propone analizar entre todos un conflicto (que puede ser real o hipotético): Por ejemplo: imaginemos que tenemos el caso de dos de tus hijos peleándose por el mismo juguete. ¿Qué sugerencias darían para resolver el conflicto?

- Piensen en varias opciones para la solución del problema.

- Una vez que tengan varias soluciones ponderen los pros y los contras de cada una.

- Ya que lo han analizado, voten por la mejor opción.

Promover que los hijos se escuchen y lleguen a acuerdos: Muchas veces, cuando nuestros hijos tienen un problema entre ellos, no los motivamos a que platiquen y lo solucionen, sino que llegamos como jueces y les decimos: "deja que tu hermano vea su programa", en lugar de pedirles que entre ellos fijen horarios para ver la televisión, comprometiéndose a respetar el acuerdo.

Utilizar frases que demuestren empatía: Por ejemplo: "entiendo que estés enojado, pues yo me enojaría también si me pasara algo así".

Promover que entre los hijos acepten otros puntos de vista: Se vale que unos le vayan a un equipo de futbol y los demás a otro. Si empezamos por respetar esas cosas tan simples, posteriormente podemos respetar y aceptar que por fortuna no todos pensamos igual. Es la base de la tolerancia.

Realizar actividades de servicio a la comunidad: Este tipo de actividades nos permiten ser más empáticos y sensibles ante las necesidades de los otros. Es importante crear conciencia social, de tal manera que puedan ayudar a los más necesitados, ya sea colaborando con sus ahorros en una campaña de la Cruz Roja, o donando ropa o juguetes en buen estado, etcétera. El servicio a la comunidad puede empezar desde casa ayudando a cocinar a algún familiar, o acompañando a un amigo o vecino que está enfermo, entre otras muchas cosas.

5. Habilidades sociales

Son las capacidades que permiten realizar un mejor manejo de las relaciones con los demás.

a. Capacidad de conversar: Algunos niños que tienen problemas para llevarse bien con otros, carecen de la capacidad de conversar adecuadamente o de escuchar con atención los sentimientos expresados por los demás. Pero esa capacidad puede enseñarse, y esto es muy importante. La capacidad de conversar incluye compartir información personal, hacer preguntas a los demás, y expresar interés y aceptación.

Una forma de enseñar a nuestros hijos esta habilidad es con la práctica, y qué mejor que lo hagan con nosotros. A muchos padres les hace falta tiempo para hablar con sus hijos, debido a su trabajo y a las tareas diarias, pero es necesario encontrarlo; se pueden aprovechar diversos momentos, como cuando se va en el coche, cuando estás esperando a que un doctor te atienda, etcétera. Es importante que la conversación sea significativa, que incluya compartir tanto ideas como sentimientos, errores, problemas y soluciones, metas y sueños.

Lawrence E. Shapiro (1997) señala que otro aspecto vital que debemos enseñar a nuestros hijos es la comunicación no verbal, pues está comprobado que 55% del significado emocional de un mensaje se expresa a través de señales no verbales, como la postura, el gesto y el tono de voz. Y propone, además, algunos juegos que puedes enseñar a tus hijos, algunas estrategias para adquirir habilidades respecto a la comunicación no verbal, como: decirle al niño una misma oración, por ejemplo: "dejé mi bolsa en el coche", dando diferentes entonaciones y él debe adivinar si la persona está enojada, contenta, triste, etcétera. Después, pedirle que él diga otra frase y tú tendrás ahora que adivinar el sentimiento. Se puede jugar en familia.

b. La importancia del humor: Se han hecho estudios sobre la risa y el humor en la salud de las personas y se ha descubierto que hasta pueden fortalecer el sistema inmunológico.

Es muy bueno, tanto con la familia como con los amigos, hablar de recuerdos agradables y de aquellas situaciones que tienen un toque de humor. Pero hay que tener cuidado y no caer en el error de utilizar el humor a expensas (burlarse) de los demás.

Existen muchas formas para estimular la risa: contar chistes, ver películas, videos o programas televisivos que tengan un buen toque de humor, leer escritos graciosos, que pueden ser desde cómics hasta cartas o entrevistas. Incluso, ver videos familiares que recuerden anécdotas curiosas puede motivar a pasar un rato agradable recordando y riendo.

c. Hacer amigos: La amistad entre los niños forma hábitos que ayudan de por vida en la relación con los demás y beneficia la autoestima. Nosotros, como padres, podemos favorecer que nuestros hijos tengan relaciones sanas y duraderas. Algunas de las estrategias que pueden emplearse son las siguientes:

Organizar actividades con otros niños como vecinos, familiares y amigos del colegio. A veces nos quejamos de que nuestros hijos no tienen amigos y nosotros no propiciamos tiempos ni espacios para que conozcan y convivan con otros niños; podemos llevar a cabo actividades sencillas como vernos en un parque cercano u organizar una fiesta con cualquier pretexto: día de la Amistad, día del Niño, entre otras fechas.

Permitirle y promover que invite niños a la casa. Si permitimos que invite a sus amigos, tenemos la oportunidad de conocerlos, de enseñarle a nuestro hijo a ser un buen anfitrión y a que piense en las necesidades y gustos de los demás.

Estimular actividades con personas que tengan intereses similares a los de tu hijo. Si, por ejemplo, a nuestro hijo le encanta actuar, podemos organizar un grupo de actuación y preparar una pequeña obra o presentación.

Dedicar tiempo para conocer a sus amigos. Es importante saber con quiénes se relacionan nuestros hijos, así que cualquier oportunidad para conocerlos es buena.

Tratar de conocer a los papás de los amigos de sus hijos. Muchas veces el que nosotros tengamos una buena relación con los papás de los amigos de nuestros hijos facilita que ellos se frecuenten y logren relaciones más estrechas.

d. **Inculcar y promover los buenos modales:** Un niño mal educado no cabe en ningún lado; muchas veces sin darnos cuenta nosotros no propiciamos los buenos modales.

1. Debemos ser educados con nuestros hijos, pedirles por favor las cosas y dar siempre las gracias. Ellos imitan nuestro comportamiento.

2. Recordarles aspectos como saludar, agradecer, ayudar, ceder el lugar, etcétera.

Para finalizar este capítulo, a manera de resumen te dejamos algunas reflexiones sobre las preguntas que respondiste al iniciar este tema.

Reflexiones*

1. Para volverse realistas en su pensamiento y sus expectativas, los niños deben aprender a aceptar tanto las virtudes como los defectos de los adultos que los rodean.

2. Los estudios muestran que los niños que son optimistas son más felices, tienen más éxito en la escuela y son realmente más saludables desde el punto de vista físico. La manera fundamental en que los niños desarrollan una actitud optimista o pesimista es observándola y escuchándola en los adultos que los rodean.

3. Los hermanos nos enseñan a relacionarnos con los demá. Por eso es importante cuidar y promover las buenas relaciones entre nuestros hijos.

4. Aunque no exista una prueba contundente con respecto a que mirar programas violentos de televisión o jugar videojuegos violentos conduzca a los niños a la agresividad, sí se puede afirmar que los insensibiliza en cuanto a los sentimientos y las preocupaciones de los demás.

5. Hoy en día los padres pasan cada vez menos tiempo con sus hijos. Dedicar un tiempo determinado para jugar con los niños más pequeños y en actividades no estructuradas con los hijos mayores, les ayuda a tener una mejor imagen propia y mayor confianza en sí mismos.

6. Los padres competentes pueden prevenir muchos de los problemas que experimentan actualmente los niños, al combinar el estímulo con una disciplina coherente y apropiada. Los padres totalmente permisivos son la causa de un número creciente de problemas de la niñez, incluida la conducta provocativa y antisocial.

7. Los niños aprenden a preocuparse por los demás *haciendo,* y no simplemente *hablando.* Las actividades de servicio a la comunidad también enseñan a los niños muchas capacidades sociales y los ayudan a mantenerse alejados de los inconvenientes.

8. Es posible enseñar a los niños formas de relajación; incluso a los más pequeños les ayudarán a enfrentar los problemas de manera más tranquila.

9. Los niños pueden resolver problemas con mayor fluidez de lo que solía pensarse. Cuando los niños aprenden a resolver sus propios problemas, adquieren confianza en sí mismos, además de capacidades sociales importantes.

10. Los niños utilizan los modelos como la forma individual más importante para aprender capacidades emocionales y sociales. Las reuniones son una forma ideal de enseñarles a resolver problemas y a funcionar en grupo.

11. Los buenos modales son fáciles de enseñar y extremadamente importantes para el éxito social.

12. Un número creciente de estudios muestran que el sentido del humor no sólo constituye una capacidad social importante, sino que representa también un factor significativo para la salud mental y física de un niño.

13. Es necesario ser flexible en muchos aspectos, pero no en cuanto a los hábitos de estudio y a las capacidades de trabajo, para destacar en la escuela y más tarde en el trabajo. Los niños necesitan aprender autodisciplina, manejo del tiempo y capacidades de organización.

14. Uno de los aspectos más importantes para lograr lo que se quiere es la capacidad de superar la frustración y mantener un esfuerzo persistente frente al trabajo.

15. Además de los beneficios físicos propios de una buena dieta y del ejercicio, un estilo de vida saludable desempeña un papel importante en la bioquímica del cerebro.

16. La sinceridad es un aspecto que el niño va interiorizando paulatinamente. Es un factor que debe recalcarse en la familia, con el fin de lograr que los demás les tengan confianza.

---

* Adaptado de: *Inteligencia emocional,* Tomo I, López, María Elena y María Fernanda González, Ediciones Gamma, S.A., Colombia, 2004.

Capítulo 8

TRASTORNO POR DÉFICIT DE ATENCIÓN E HIPERACTIVIDAD: TDA-H

Toca el turno a un tema que ha alcanzado un rating insospechado, uno que ha estado en boca de muchos, y sobre el que mucho también se ha escrito.

¿Qué ventajas ofrece este capítulo al lector?

- En primer lugar, abordaremos *características distintivas* de este trastorno que nos ayudarán no solamente a nosotros, padres de familia, a identificarlas y comprenderlas mejor. Ofrecemos además algunas *opciones para que las puedas explicar a tus hijos* y ellos comprendan también por qué ocurren estas conductas en ellos mismos, en algún hermanito o en algún amigo o conocido cercano. Los niños también tienen el derecho de saber con claridad lo que sucede, y al comprenderlo se encontrarán en una situación ventajosa para hacerle frente.

- Otra ventaja que tendrás al leer este capítulo, será la de conocer cómo se sienten los niños que presentan trastorno por déficit de atención, con o sin hiperactividad, y lo que estos sentimientos y afectos provocan en su autoconcepto y autoestima.

- Encontrarás, además, varias estrategias encaminadas a facilitar el manejo de estas situaciones en casa y otras tantas dirigidas al cuidado y preservación del vínculo madre-hijo o padre-hijo.

Deseamos que este capítulo constituya una herramienta que te ayude a sacar lo mejor de ti en esta fascinante y al mismo tiempo ardua tarea de ser padre de un hijo con trastorno por déficit de atención.

Comencemos por revisar lo más relevante sobre las características del trastorno, a fin de que podamos identificarlo claramente, ya que no todos los niños que se portan mal o son inquietos necesariamente presentan trastorno por déficit de atención e hiperactividad o, en caso contrario, algunos niños no sólo se portan mal, sino que su comportamiento va más allá de eso y está indicando la presencia del trastorno sin que se encuentre identificado como tal. Así que para evitar confusiones, aclaremos cuáles son los rasgos más comunes que distinguen al trastorno por déficit de atención con o sin hiperactividad, también conocido por sus siglas como TDA-H, que será la forma en que nos referiremos a él en lo sucesivo.

La definición que nos dan los expertos

Según José J. Bauermeister (2000), "el **trastorno por déficit de atención** es un problema con una base neurológica que puede dividirse en tres áreas importantes: **inatención, hiperactividad** e **impulsividad**".

Ésta es una definición acertada y completa, pero para poder comprenderla mejor analicémosla por partes.

Un *trastorno,* coloquialmente hablando, implica que algo no funciona como debiera, así que podemos entenderlo como una falla.

La *base neurológica* de entrada nos coloca en el ámbito correspondiente al cerebro y éste es un órgano complejo y comúnmente desconocido. No es lo mismo que si hablamos del estómago, por ejemplo, ya que fácilmente podemos representar mentalmente en él algún tipo de malestar como dolor o ardor. Pero hablar del cerebro es otra cosa. ¿Qué pasa en el cerebro de estos niños?, ¿están "enfermos del cerebro"?, ¿están "mal de la cabeza"?

El cerebro es un órgano cuya representación resulta ambigua. Para facilitarnos la comprensión de lo que significa que este trastorno tenga una base neurológica, retomemos la imagen del capítulo 1 donde abordamos los problemas de aprendizaje.

Recordemos lo que ocurría con aquellas canicas: imagina que tengo las dos manos llenas de canicas y quiero pasártelas, pero en lugar de que uses las dos manos para recibírmelas, te pido que uses una sola. ¿Qué crees que sucedería? ¡No podrías tomar todas las canicas! Algo similar pasa con los niños que tienen algún problema de origen neurológico cuando la información llega al cerebro correctamente pero no se dan las conexiones neuronales necesarias.

Esta otra imagen puede ayudarnos también a comprender qué ocurre cuando fallan las conexiones neuronales:

Visualiza a dos personas juntas. Supongamos que la primera de ellas lleva seis paquetes, que debe entregar a la segunda. Al momento de que se los pasa, ¡oh, sorpresa!, la segunda persona sólo puede recibir cuatro de los seis paquetes que la primera quiso darle y al recibir los cuatro, ¡ups!, los otros dos caen al suelo. La misma escena vuelve a repetirse en incontables ocasiones: la primera persona entrega siempre seis paquetes a la segunda, pero ésta sólo recibe cuatro y los otros dos invariablemente caen al suelo. Observamos una y otra vez que la transmisión de los paquetes no es

eficaz; mientras la segunda persona recibe cuatro paquetes, en el suelo se va acumulando una cantidad considerable por los que se han caído y no han llegado a su destino.

Acabamos de describir de manera un tanto burda lo que sucede en la química cerebral cuando el TDA-H está presente. Las dos personas juntas representan el funcionamiento de las neuronas: una pasa continuamente "mensajes" a la otra; estos mensajes son los "paquetes". Una pasa "seis", y otra recibe sólo "cuatro". Hay una falla evidente en la transmisión de los mensajes, es decir, en los neurotransmisores; este *proceso bioquímico incompleto* es lo que ocasiona los niveles inadecuados de inatención, impulsividad e hiperactividad en las personas que viven con TDA-H.

Los medicamentos que se recomiendan cuando se diagnostica TDA-H, ayudan a que se regule la falla existente en los neurotransmisores, mejorando los niveles de inatención, impulsividad e hiperactividad.

Cabe mencionar que la *base neurológica* del TDA-H *o trastorno neuroquímico* no interfiere en absoluto con la capacidad intelectual de estos niños, ya que pueden ser tan, o incluso más inteligentes que los compañeros de su edad.

Es un hecho que los niveles inadecuados de las sustancias químicas del cerebro o neurotransmisores, afectan el envío y la recepción de los "mensajes-paquetes", y esto no puede ser controlado a voluntad; es decir, la inatención, la impulsividad y la hiperactividad asociadas al TDA-H no pueden regularse simplemente "echándole ganas". Se requiere un apoyo extra.

Ahora bien, lo que desconcierta en estos niños es que en ocasiones su funcionamiento sea semejante al movimiento del péndulo; esto es, oscilan de un extremo a otro sin causa que lo justifique o permita comprenderlo, de manera que a veces pueden mantener la atención por periodos más prolongados de lo habitual y a veces pueden permanecer quietos.

No es cuestión sólo de ganas; es decir, de que "le echaron ganas" y por eso lograron estar atentos por más tiempo o quedarse sentados sin levantarse de su lugar. (Deberíamos evitar el uso de expresiones como ésa.) Ellos no controlan la neuroquímica de su cerebro, ni puede regirse a su voluntad como para referirse a "las ganas que le echaron".

Así funciona el cerebro en el TDA-H; por eso decíamos que es complejo. Como un péndulo, estos niños oscilan de manera que es necesario estar alertas a los "pendulazos" y entender que sólo son eso: episodios en los que podrán, inexplicablemente, estar más atentos o más quietos.

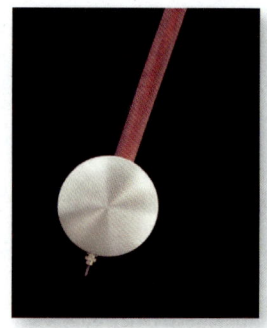

¿Para qué más nos puede ayudar comprender que este trastorno tiene una base neurológica? Para aclararnos que el comportamiento de estos niños no tiene el objetivo de fastidiarnos o de hacernos sentir mal o, mucho menos, de estar en contra nuestra. La hiperactividad-impulsividad características del TDA-H no llevan dedicatoria: ocurren y ya. El niño que lo presenta no planea con "premeditación, alevosía y ventaja" arruinarle la comida, la tarde o la reunión a nadie.

Más aún, debemos ser conscientes de que él mismo NO PUEDE controlarse; es indudable que ellos son los primeros que quisieran frenarse, pero no pueden hacerlo.

Volvamos ahora a la definición del trastorno y retomemos los dos pilares del TDA-H: el trastorno se caracteriza por niveles inadecuados de inatención, hiperactividad e impulsividad.

1. Inatención

El *déficit de atención* es una merma, una baja en la atención que una persona es capaz de mantener al realizar cualquier actividad. Esto significa que mantiene la atención sólo por periodos cortos, comparados con los del promedio de los niños de su misma edad.

Te invitamos a leer a continuación algunos de los indicadores más relevantes de la inatención (Bauermeister, José J., 2000 y Laura Frade Rubio, 2006). Puede ser útil que encierres en círculos aquellos que tu hijo presenta con más frecuencia.

Indicadores de la inatención en los niños que presentan TDA

- No logran concluir actividades, pues se distraen con facilidad de la tarea que están haciendo. Basta cualquier estímulo para que desvíen su atención.

- Atienden muchos estímulos a la vez y es difícil que prioricen los asuntos importantes.

- La falta de ese filtro que les permite discriminar estímulos importantes y priorizarlos, los lleva a evitar tareas que requieren un esfuerzo mental sostenido.

- Se frustran y molestan cuando tienen que sentarse a hacer tareas o exámenes prolongados y buscan evitarlos a toda costa.

- Presentan desorganización en el lenguaje, cambian constantemente de tema al hablar, y se les dificulta seguir el hilo de una conversación.

- Muestran dificultad para establecer secuencias; digamos que se pierden en el camino, es decir, atienden el principio de una explicación, "desconectan" su atención en la parte principal y vuelven a "conectarse" hacia el final. Este desfase provoca que se les complique seguir instrucciones de principio a fin, o bien organizarse para realizar alguna tarea.

- Es frecuente que olviden o pierdan sus pertenencias.

- Su apariencia personal tiende a ser descuidada.

- Es común que no presten atención cuando se les habla, ya que ellos están "en otro canal".

- Algunas veces logran mantener su atención por periodos más prolongados viendo un programa de TV o con algún videojuego.

2. Hiperactividad - impulsividad

Podemos comprender esta característica si pensamos metafóricamente que el cuerpo del niño que presenta TDA-H tiene un motor que se activa de manera involuntaria y no es posible detener; imaginemos que este motor pone en actividad al cuerpo enviándole una especie de descarga eléctrica a la que el niño no puede resistirse y es incapaz de controlar (Bauermeister, 2000).

Te invitamos a leer a continuación los indicadores de la hiperactividad-impulsividad (Frade Rubio, L., 2006 y Bauermeister, 2000); puedes encerrar en círculos aquellos que te resulten familiares en tu hijo.

Indicadores de la hiperactividad-impulsividad en los niños que presentan TDA

- Mueven constantemente el cuerpo o algunas de sus extremidades como manos o pies.

- Se les dificulta permanecer en un solo lugar o estar quietos; se mueven constantemente de sus asientos.

- El lenguaje y el pensamiento también se ven afectados: hablan muy rápido y van hilando ideas en desorden. A veces piensan más rápido de lo que hablan y pareciera que en su discurso se van "brincando" ideas.

- Es frecuente que estos niños no puedan guardar silencio, tienden a la "verborrea": hablan y hablan y hablan… En estos casos es difícil conversar con ellos, pues no se callan y no saben escuchar.

- Hacen muchas preguntas que en ocasiones no tienen relevancia con respecto al contexto o contestan cosas que no tienen nada que ver con la pregunta planteada.

- Les resulta difícil organizarse.

- Son muy demandantes de su entorno.

- Muestran dificultades para esperar turnos o respetar reglas.

- Su tolerancia a la frustración es muy baja. Quieren las cosas para ayer.

- Interrumpen conversaciones constantemente.

- No respetan las reglas, tienden a ser tramposos, no saben perder y agreden a otros niños.

- Sus movimientos parecen toscos y bruscos: empujan, pegan, se tropiezan, rompen cosas al manipularlas, corretean, tiran cosas a su paso, se trepan en todo lo que pueden, y todo esto afecta las relaciones con los amigos y compañeros.

- Comienzan una actividad sin haber escuchado la instrucción.

- Tienen dificultad para anticipar las consecuencias de sus actos: causa-efecto.

- No logran evaluar el nivel de peligro y con frecuencia se accidentan.

- Desarman juguetes sin el deseo de jugar con ellos.

Tipos de TDA-H

La combinación de los dos pilares que caracterizan este trastorno permite clasificarlo en tres tipos:

TIPO 1: Predominantemente inatento: Estos niños no son hiperactivos ni presentan los problemas de conducta descritos. Tienden a soñar despiertos, viven en su mundo, se les considera más bien pasivos, tímidos e introvertidos.

Si identificas a tu hijo en este grupo, puedes explicarle lo que le sucede utilizando el siguiente símil: dile que él tiene una pantalla de televisión encendida permanentemente donde puede ver nueve o más canales a la vez, lo que hace muy difícil distinguir los detalles importantes de cada programa y seguir "el hilo" de uno solo porque los demás programas también llaman su atención para que los vea y mientras en un canal pasan un partido de futbol, en otro hay un concurso de baile, en otro un chef prepara un postre, en otro pasan caricaturas, etcétera, pero como él ve todos los canales al mismo tiempo, eso provoca que sólo tome un "pedacito" del partido de futbol, otro "pedacito" del concurso de baile, otro del programa de cocina y, al final, todo "lo mezcla" en el mismo recipiente porque TODO es igualmente importante, lo que le resulta bastante confuso. Termina sin saber si ganó la pareja que bailaba salsa o si le pusieron salsa al postre. ¡Todo se enreda! Y cuando vuelve a mirar el canal del partido de futbol no supo qué fue lo que sucedió con las porterías. ¡Parece que se las robaron y en su lugar pusieron canastas…! Después de un rato descubre que el partido se había acabado y comenzó uno de basquetbol.

Esto no es ni bueno ni malo, evita esos juicios de valor, simplemente ES ASÍ, así funciona. Ahora lo que te corresponde es ayudarlo a que aprenda a distinguir cuáles son los canales más importantes y a que se dé cuenta del momento en el que se pasa a otros canales. Y se vale pedir ayuda cuando los otros canales llamen su atención. Ya veremos más adelante, en el rubro de las estrategias, aquellas que pueden servir para brindar ese apoyo a tu hijo.

TIPO 2: Predominantemente hiperactivo-impulsivo: Estas personas sí logran atender y concentrarse en un tema o actividad a pesar de que necesitan estar en movimiento constantemente. Tienen dificultades para controlar sus impulsos y presentan problemas de conducta: suelen mostrarse desafiantes con la autoridad, se les dificulta seguir reglas preestablecidas, tienden a llevar la contraria y agredir a los demás.

Si identificas a tu hijo en este grupo, utiliza el siguiente símil para explicarle qué le sucede y por qué no puede controlarse. Sugerimos que tengas a la mano algunos aparatos que usen pilas de diversos tamaños; pregúntale si sabe para qué sirven las pilas y deja que te explique. Asegúrate de dejar claro que las pilas hacen funcionar al aparato o juguete en cuestión pero que éste puede apagarse o encenderse con un botón.

Ahora invítalo a imaginar que todas las personas funcionamos también con una pila y que así como hay personas más altas, más delgadas, más morenas, más entonadas, etcétera, hay personas que tienen una pila más grande o mediana o más chicas o extra grandes. La pila hace que la persona funcione y el botón de apagado o encendido la activa o desactiva.

En su caso, explícale que él nació con una pila extra grande, su energía dura mucho, mucho tiempo, no se agota fácilmente, tiene tanta energía que es necesario que la descargue corriendo, brincando, girando, gritando… Tiene incluso más energía que la mayoría de sus compañeros de clase o que su hermanito; el problema es que el botón de encendido y apagado no funciona bien. Entonces, aunque a veces lo apretemos indicándole al cuerpo que ya tiene que estar sentado en silencio, el botón no responde y no hay manera de "apagarlo" para que se esté quieto, y como además tiene una súper pila, vienen entonces los problemas porque el cuerpo sigue "encendido" a todo lo que da y no hay forma de apagarlo; el botón no responde, se queda encendido y por eso no puede controlarse. Ese botón es el que les ocasiona algunos problemas cuando tienen que permanecer sentados, en silencio en el salón de clases trabajando o atendiendo lo que dice la maestra.

Esto tampoco es bueno ni malo, simplemente ES ASÍ. Habrá que enseñarlo a detectar los momentos en los que el botón de apagado no responde para que pida ayuda. Ya hablaremos más adelante, en el rubro de las estrategias, cómo apoyarlo en esos momentos.

TIPO 3: Es el combinado o mixto: Estas personas son inatentas y también hiperactivas; tienen los dos tipos anteriores en uno solo. Si identificas a tu hijo en este grupo, explícale lo que sucede utilizando ambos símiles descritos para el tipo 1 y el tipo 2.

Tratar con los niños que presentan estas características, requiere de una buena dosis de paciencia, comprensión y autocontrol. Tenerlos cerca de ti, representa la gran oportunidad para desarrollar tales cualidades. En el rubro de estrategias, veremos también varias maneras para apoyar a estos chicos.

¿Quién puede llevar a cabo un diagnóstico de TDA-H?*

Un psicólogo, un psiquiatra o un neurólogo. Y sólo los dos primeros pueden brindar apoyo terapéutico. Los maestros pueden ayudar identificando a estos alumnos, pero su función no es diagnosticarlos.

¿Qué tratamiento se recomienda seguir?

Existen varias opciones:

1. Terapia psicopedagógica: Maneja estrategias que le ayudarán en el aprendizaje escolar y en su desenvolvimiento social.

---

* *Apuntes de trabajo del grupo de padres de la Sociedad Mexicana de Déficit de Atención e Hiperactividad (SMDAH).* Aquí se hace referencia a estos apuntes con un asterisco. La ficha completa está al final del capítulo.

2. Fármacos: Sólo puede recetarlos el médico: psiquiatra, neurólogo o pediatra.

3. Orientación psicológica a los padres y maestros.

4. Plan de actividades extraescolares: deportivas o artísticas.

Lo más recomendable es la inclusión de todas las opciones mencionadas.

¿Qué es lo que comúnmente se dice de estos niños?*

1. Que NO ATIENDEN…

2. Que NO APRENDEN…

3. Que NO SABEN…

4. Que NUNCA SE ESTÁN QUIETOS…

Sin embargo, si miras más allá de las apariencias…*

1. Sí atienden… Aunque no precisamente lo que tú quieres que atiendan.

2. Sí aprenden… Aunque no pueden demostrar lo que saben de manera convencional.

3. Sí saben… y muchas veces más que los demás, pero se les dificulta ordenar sus pensamientos.

4. Sí llegan a estarse quietos… algunas veces, es necesario atraerlos con un tema de interés y de corta duración.

Aprendiendo a mirarlos desde otra perspectiva

En este mundo traidor, nada es verdad, ni mentira,
todo es según el color del cristal con que se mira.

Ramón de Campoamor - *Humoradas*

Vivir con TDA-H puede ser un obstáculo para una adaptación psicológica adecuada, debido a la inhabilidad para el autocontrol, pero esto es cierto sólo parcialmente. Como suele suceder con la mayoría de situaciones en la vida, hay que aprender a buscarles el lado amable, lo positivo, el regalo que traen consigo; no todo es negro, no todo está perdido, no todo es negativo; estos niños son capaces de desarrollar una serie de habilidades especiales y cualidades maravillosas. Es una lástima que muchos de los estudios y tratados que se han hecho sobre este trastorno, contemplen solamente un lado de la moneda.

Con frecuencia miramos con lupa las fallas, el daño, lo que "está mal" y vamos por la vida como "piratas", con un ojo parchado, olvidándonos de mirar con el otro ojo todo lo bueno, lo fabuloso, lo grandioso…

Éste es el momento para quitarnos el parche y colocarnos en su lugar unos lentes de aumento que nos permitan reconocer en estos niños todas sus cualidades, para que  logremos así darnos cuenta de lo valiosos que son. ¿Alguna vez te habías puesto a pensar en esto? Míralos tú mismo desde esta nueva perspectiva, atrévete a ponerte estos nuevos lentes y descubrirás habilidades en ellos que no te imaginabas que poseían.

Los niños con TDA-H:*

- Son los más imaginativos.
- Son creativos.
- Son ingeniosos.
- Tienen un gran sentido del humor.
- Son curiosos.
- Llenos de ideas y proyectos.
- Muy inteligentes.
- Son tenaces.
- Dan soluciones originales a los problemas.
- Son divertidos.
- Son espontáneos.
- Pueden realizar varias actividades a la vez.

- Son sensibles.
- Son muy entusiastas.
- Nunca se aburren.

Los famosos y el TDA-H

Seguramente te sorprenderá saber que muchos de los grandes inventores, escritores, artistas, deportistas, etcétera, convivieron con el TDA-H y esto, lejos de haber sido un obstáculo para ellos, fue probablemente lo que les dio "ese toque especial" que los llevó a alcanzar logros de gran trascendencia para la humanidad.

Albert Einstein

Thomas Alva Edison

Agatha Christie

Abraham Lincoln

¿Qué pide un niño con TDA-H?… Conozcamos sus "derechos"*

- *Ayúdame a concentrarme.* Necesito contacto y movimiento corporal.

- *Necesito saber qué viene después.* Dame una rutina confiable; avísame con tiempo de los cambios.

- *Espera, todavía estoy pensando.* Déjame ir a mi propio ritmo; si me apuras, me confundes.

- *Estoy "atascado", no puedo hacerlo.* Ofréceme opciones para la solución de los problemas.

- *¿Está bien? ¡Necesito saberlo ahora!* Dame información concreta e inmediata sobre cómo lo estoy haciendo.

- *¡No lo olvidé!, para empezar, ni siquiera lo oí.* Dame las instrucciones una a la vez y pídeme que te repita lo que dijiste.

- *¿Ya casi termino?* Asígname trabajos cortos con metas a corto plazo.

- *¿Qué? No me digas "ya te lo he dicho"; dímelo con otras palabras.* Dame una señal. Dibújalo.

- *Ya sé, todo está mal, ¿no es cierto? Felicítame por mis éxitos parciales* y por lo que voy mejorando. No esperes la perfección.

- *Pero, ¿por qué siempre me gritas? ¡Cáchame haciendo las cosas bien!* Felicítame y acuérdate de mis cualidades cuando tenga un mal día.

¿Qué siente un niño con TDA-H?

- No quiero arruinarte la reunión o la fiesta, sólo quiero agradarte.

- No me llames "problema", soy un niño diferente.

- No se ve lo que tengo; es invisible esta fuerza dentro de mí que no puedo controlar.

- Sé lo que otros piensan de mí; se alejan y me apartan de sus juegos; creen que no me doy cuenta.

- Hago esfuerzos por agradarte pero ni así lo logro; termino comportándome de la manera que menos deseo hacerlo.

- No hago las cosas igual de bien como mi hermano; sólo espero que a mí también me quieras.

- No quiero que ustedes (mis papás), peleen por mi culpa.

- Deseo que me aceptes tal como soy.

¿Qué podemos hacer los papás?

Estrategias para poner en práctica en casa

Lo que resulta más funcional cuando uno revisa una lista de sugerencias es que te des a la tarea de elegir aquéllas que mejor apliquen para ti y para tu hijo a fin de que logres "personalizarlas". En la medida en la que haces tuyos algunos de estos tips, te darán mejores resultados, pues habrás puesto en ellos tu sello distintivo y único.

- Detente a mirar a tu hijo con los nuevos lentes que te estamos ofreciendo: identifica sus fortalezas; no te centres sólo en sus debilidades.

- Reconócelo en sus habilidades. Además de que te des cuenta de ellas, es importante que se las puedas decir, que él sepa también que ves "lo bueno", esto es básico para el desarrollo de su autoestima; incluso, puedes ayudarlo a que él descubra estas fortalezas en sí mismo. Está tan acostumbrado a que le digan lo que hace mal, que le resulta difícil ver "lo que hace bien".

- Ahora que sabes que su comportamiento no tiene el objetivo de "fastidiarte" sino que se deriva de un trastorno, mantén la perspectiva y procura no "perder la cabeza".

- Trata de que otros también noten sus habilidades, promueve situaciones en las que él pueda "brillar" frente a sus hermanos o familiares, deja que conozcan las maravillosas habilidades de tu hijo.

- Inventen un "baúl de las cosas buenas". Mete en él aquello que represente para tu hijo y para ti sus logros, o el recuerdo de un buen día, una foto, un dibujo, una pelotita, cualquier símbolo que les haga acordarse de que han pasado momentos muy buenos.

- Acudan al "baúl de las cosas buenas" cuando hayan tenido un mal día, pues ayudará mucho recordar que ha habido días mejores, pero sobre todo, lo que más ayuda a tu hijo en esos momentos es sentir la incondicionalidad de tu cariño. Esto implica que, por encima de lo que haya hecho mal, cuando las cosas no vayan bien y tu hijo sienta que menos lo merece, es cuando más necesita de tu abrazo.

- Escoge tus batallas. No te enojes por todo.* Si completó una tarea, quédate con ese logro, no te "claves" en lo que dejó de hacer.

- Ayúdalo a organizarse, puedes colocar en su recámara calendarios donde establezcas rutinas diarias y semanales; lo importante de esas rutinas es que puedan revisarlas juntos al final del día. No incluyas demasiadas actividades a la vez, trabaja una o dos metas. Si el método lo frustra, cámbialo. No se trata de que el niño se sienta evaluado por ti cada día y que de ello dependa tu aceptación y tu cariño.

- Recuérdale lo que tiene que hacer inventando juntos claves verbales, sonidos, gestos o mímica, de manera que con esas señales le indiques que "es hora del baño" o que "termine de comer"; así evitas llamarle la atención verbalmente todo el tiempo frente a los demás.*

- Procura seguir una rutina diaria.* La estructura y estabilidad que esto le brinda, lo beneficia en gran medida.

- Asígnale una responsabilidad en casa de acuerdo con la medida de sus posibilidades.

- Da una sola orden sin grandes explicaciones.*

- Pídele que te haga favores: uno a la vez.

- Bríndale varias oportunidades para realizar ejercicio. Necesita moverse.

- Permítele descansos frecuentes en actividades de larga duración, no pretendas que haga "de corrido" la tarea de la escuela hasta terminarla.* Le van bien los "descansos" intermedios. Acuérdate que no puede mantener la atención por periodos largos, o que no puede permanecer quieto fácilmente.

- Anticipa cuando una situación puede salirse de control: por ejemplo, si lo vas a llevar a comer a casa de los abuelos y sabes que hace un *show* en la mesa, dale de comer antes en tu casa y evita ese trago amargo para él y para ti. Si va a algún lugar en el que tenga que esperar, ya sea la cita con el pediatra o un restaurante, es recomendable que lleve juguetes o una libreta para dibujar o colorear, esto ayudará a que no se aburra mientras espera.

- Ayúdalo con sus relaciones sociales; es importante que sepa hacer amigos y que identifique los comportamientos que lo alejan de ellos. Propicia invitaciones de algún compañero a tu casa. Las relaciones uno a uno son más fáciles para él.

- Necesita descansar lo necesario; de lo contrario, la irritabilidad irá en aumento.

- Maneja límites claros, firmes y estructurados: que tu "sí" sea "sí" y que tu "no", sea "no".

- Mantén contacto cercano con los maestros de tu hijo.

- Busca un momento del día en el que puedas relacionarte sin tensiones con tu hijo: pueden ir por un helado, jugar, ver la tele o simplemente hablar; escúchalo, de preferencia en ese tiempo no hablen de la escuela.*

- No te enganches con la irritabilidad de tu hijo, deja pasar el mal momento y pregúntale: ¿te puedo ayudar en algo? Recuerda que tiende a enojarse o frustrarse con mayor facilidad porque las cosas no le salen bien.

- Déjalo que busque soluciones y, si se equivoca, pregúntale de qué otra manera lo hubiera podido hacer mejor.

- Permite que otros te ayuden. Busca apoyo. No se trata de que seas una mamá o un papá infalible. Si tú estás bien, él va a estar bien. Crea vínculos con quienes comparten tiempo con tu hijo. Si es necesario, acude a un especialista.

- Sobre todo, cree en tu hijo: recuerda siempre todo lo bueno que ha hecho o que puede hacer.

- ¡Cáchalo haciendo las cosas bien!

- Recuerda: el TDA-H podrá ser el compañero de viaje de tu hijo, pero no le impedirá aprender a ser feliz.

Deja que el amor vuelva a su cauce

Ahora que has recorrido este camino, te encuentras mejor informado y vas un paso adelante de lo que le ocurre a tu hijo, entonces míralo de nuevo… Usa los nuevos "lentes" que has adquirido después de leer este capítulo.

Deja atrás la culpa. De nada te ha servido señalar culpables, sólo te ha ocasionado más conflictos. Hazte cargo de lo que te toca asumir responsablemente en tu relación y no pongas a tu hijo como depositario de tus problemas de pareja o familiares; es fácil para él ocupar ese lugar, pues las dificultades que enfrenta suelen ser causa de desajustes en la familia.

Que tu hijo no saque lo peor, sino lo mejor de ti. Concéntrate en ello.

Ahora… Ponte cómodo, relájate y respira hondo…

Deja que llegue a tu mente un momento agradable que hayas pasado con tu hijo. Visualízalo con detalle: ¿Qué está haciendo? Contempla su carita, sus ojos, su mirada, su sonrisa… Detente ahí, en esa imagen, y como si tuvieras una cámara fotográfica, toma una foto de ese momento… Deja fluir lo que sientes al mirarlo…

¿Qué te despierta verlo?… Abrázalo fuertemente y quédate ahí… Disfruta esa sensación… Guárdala en tu corazón… Rescata el amor que a veces se atora y no fluye como quisieras…

Imagina a tu hijo pidiéndote que lo aceptes tal como es… Necesita de tu amor sin condiciones… Necesita de ti, necesita mostrarte que es valioso, y está esperando que lo notes… ¡Descúbrelo!

Tu niño, ése que se porta mal y que va más allá, ése que los maestros regañan, ése que te desespera y no hace las cosas como tú quieres que las haga… Ese niño te está esperando con los brazos abiertos… Abrázalo fuertemente. Dile con ese abrazo que lo aceptas, que lo amas, que juntos van a descubrir todo lo bueno que hay en él… Que estás dispuesto a vivir el día a día con él venciendo los obstáculos que vengan y aceptando los errores, los olvidos, los fracasos… Enséñale que también hay tiempos mejores y, cuando vuelvas a desanimarte, comienza de nuevo. Tantas veces como sea necesario… Cada día es un nuevo reto para ti y para él.

Yo ♥ a alguien con TDAH

---

* Ferrari, Regina y Karla Pérez-Gil, *Apuntes de trabajo del grupo de padres de la Sociedad Mexicana de Déficit de Atención e Hiperactividad* (*SMDAH*). México, 2006-2007.

Capítulo 9

BULLYING

Introducción

En este espacio hablaremos sobre *bullying,* uno de los temas que forman parte de la vida escolar y que ha sido abordado desde posturas muy diversas. Algunas de ellas tienden a enfatizar la violencia en sí misma y suelen despertar, aun sin quererlo, más violencia y deseos de venganza. Si siguiéramos estas posturas es probable que terminaras de leer el capítulo con la idea de que un *contraataque* ("ojo por ojo, diente por diente"), sería la mejor manera de detener el *bullying.* Sin embargo, sabemos que la violencia genera más violencia y que, después de ella, sobreviene la culpa, el desánimo y la desesperanza, pues ocurre que cuando entramos al terreno de la violencia, nuestra atención se focaliza en la destrucción, nuestras acciones "se justifican" y terminamos con una visión confusa y caótica de la realidad, donde nos apremia encontrar "a quién cobrarle venganza por lo ocurrido".

Por fortuna, existen otras posturas que abordan el tema del *bullying* y colocan nuestra atención en las posibles soluciones de los conflictos, sacándonos de la zona de la violencia para llevarnos a la zona del entendimiento, donde se encuentra la comprensión y la tolerancia, donde se busca la justicia, no la justificación, y donde importa la construcción, no la destrucción.

Esta segunda opción nos invita a explorar otras opciones para romper el círculo de la violencia que se vive en algunas escuelas y puede, incluso, llevarnos a encontrar *soluciones encaminadas a mejorar la calidad de la convivencia* entre todos aquellos que integran la comunidad educativa, esto es: maestros, directivos, mamás, papás y quienes participan en el cuidado y formación de nuestros hijos, entendiendo que la solución al *bullying* supone una *responsabilidad compartida* entre escuela, familia y sociedad en general, y donde todos tenemos parte activa.

Nuestros hijos solos no pueden hacerse responsables de frenar la violencia que existe en sus escuelas; por ello es necesario que todos nos involucremos para realizar un esfuerzo común por generar cambios en la educación, a fin de que nuestros hijos sean cada vez más capaces de dialogar, de cooperar entre ellos, de tejer redes solidarias de apoyo, de obtener resultados pacíficos y de lograr un mejor trato entre todos.

Suena lindo todo esto, ¿verdad? ¿Te gustaría que algo parecido sucediera en la escuela de tus hijos? La buena noticia es que eso sí es posible, porque *las alas de las grandes empresas están hechas de pequeñas cosas.* Los esfuerzos cotidianos que hagas desde casa por guiar a tus hijos a estos logros, se verán recompensados cuando veas que lo sembrado va dando fruto. ¿Quieres saber cómo?

Te animamos a continuar leyendo este capítulo para que juntos vayamos descubriendo las propuestas que nos ayuden a mejorar la calidad de la convivencia y, en particular, la relación con nuestros hijos.

Bajo esta óptica, estamos llamados a convertirnos en *educadores de la paz*.

El primer paso será reconocer e identificar el *bullying,* pues no todo lo que a veces llamamos *bullying* lo es.

Comencemos con este fragmento del diario que escribe Ramiro, un niño de tercer grado:

"Al principio, Mauricio me decía cosas que no me gustaban, como 'eres un tonto', 'eres maricón' y otras peores; después empezó a dejarme insultos en mi banca, me daba zapes cada que pasaba cerca de él y me dejaba encerrado en el baño. Cuando le platiqué esto a mi papá, se enojó conmigo y empezó a gritarme que cómo era posible que yo no me defendiera como hombre. Ahora mi papá también piensa que soy un tonto y un maricón."

Detén un momento tu lectura y piensa: ¿qué sientes al leer esto?, ¿cómo crees que se siente este niño? Si tú fueras su papá o su mamá, ¿qué le dirías?

Cuando alguno de nuestros hijos se ve involucrado en una situación como esa, puede suceder que en primera instancia pasemos al terreno de la violencia y reaccionemos desde el ataque. Lo peor es que éste suele ir dirigido a quien menos esperamos que lo reciba, como sucedió con el papá de Ramiro, que dejó a su hijo aún más desconcertado, pues no pudo aclararle a Ramiro por qué se enojó tanto y él tampoco pudo contar con el apoyo que hubiera deseado recibir de parte de su padre.

Al parecer, el papá de Ramiro tendrá que aprender algunas estrategias para poder convertirse en un *educador de la paz*:

Aquí van, entonces, estas tres estrategias para empezar a practicarlas:

- Identificar qué sentimos cuando nuestro hijo nos dice que lo maltrataron en la escuela.

- Hacer un alto ante ese impacto.

- Expresarle con palabras ese sentimiento al niño, animándolo para que él pueda decir cómo se siente.

Quizás el padre de Ramiro pudo haberle dicho algo así para empatizar con su hijo:

"¡Siento tanto enojo cuando esos niños de tu escuela abusan de ti! ¿También sientes mucho coraje cuando te maltratan y te insultan?…"

De esta manera sintoniza mejor con la situación y abre un canal de comunicación donde el hijo pueda sentirse seguro al develar sus sentimientos:

"¿Qué sientes tú, hijo, cuando estás ahí frente a ellos?".

Tomemos en cuenta que el padre está hablando desde el afecto que en él se despertó a causa de lo que le sucedió a su hijo: siente mucho enojo, pero aclara que no es contra el hijo y, más aún, lo anima a que hable de lo que él siente cuando es insultado o menospreciado.

Al recibir este mensaje, el hijo se empoderará y esto le ayudará a saber qué le conviene hacer. De este modo, es la relación con el padre lo que le dará la fuerza necesaria.

No buscamos que el niño aprenda a pelearse para defenderse, buscamos que aprenda a relacionarse mejor, y estos ensayos y acercamientos con los padres le brindarán las herramientas necesarias.

¿Qué dices? ¿Te animas a adentrarte en estos caminos que podrán llevarnos a mejorar la relación con nuestros hijos?

¡Con mayor razón si necesitan refuerzos porque están atrapados en las redes del *bullying*!

Agresividad y violencia

Cuando hablamos de *bullying*, frecuentemente hacemos mención de la presencia de *agresividad*. Aclaremos, entonces, algunos términos para comprender mejor las implicaciones del *bullying*.

Agresividad: Es una fuerza vital necesaria para que una persona enfrente la vida o supere ciertas dificultades o limitaciones. Puede definirse como una conducta biológica innata.

Violencia: Tiene que ver con actos u omisiones que atentan contra la integridad física, psicológica, sexual o moral de cualquier persona. La violencia lleva la intención de causar daño, de controlar, manipular, dominar y/o someter, a través del abuso de poder, siguiendo la ley del dominio-sumisión.

Una leona, por ejemplo, es agresiva por naturaleza; pero no es violenta porque carece de voluntad y raciocinio. La leona mata al jabalí para sobrevivir, no porque quiera humillarlo o controlarlo.

El *bullying,* por el contrario, tiene que ver con la violencia. El que lleva a cabo el *bullying* lo hace con la intención de causarle daño a otro; no ocurre sin querer, sino con alevosía y ventaja.

Definiendo el *bullying*

Se trata de un comportamiento violento, intencional, premeditado y *persistente,* que se da entre niños y jóvenes de edades semejantes. Siempre existe un abuso de poder, así como un deseo de intimidar y dominar. Provoca generalmente trastorno emocional, particularmente en la víctima, pero también en quien lo ejerce (Cobo y Tello, 2011).

Conozcamos algunos tipos de *bullying*

- **Físico:** Consiste en dar golpes, patadas, empujones, pellizcos, zapes, encerrar a los otros en algún lugar, como si los dejaran atrapados o privados de su libertad, ya sea en el baño, en el salón u otro sitio; también se refiere al daño realizado en o con las pertenencias de alguien, como quitar o maltratar útiles escolares, ropa, quitar el *lunch,* etcétera. Este tipo de *bullying* suele ser el más común.

- **Verbal:** Se refiere al maltrato a través de las palabras; abarca, entre otros, insultos, expresiones discriminatorias o apodos que ridiculizan a quien los recibe. Incluye también la difusión de chismes o rumores, encaminados a denigrar a la víctima o a su familia.

- **Psicológico:** Está relacionado con la provocación de menosprecio, exclusión, manipulación y amenazas a la víctima; busca además bloquearla socialmente, es decir, dejarla aislada para que los demás compañeros no se relacionen con esa persona y quede así apartada del grupo, pues de esa manera es más fácil ejercer dominio y control sobre ella.

- **Gesticular:** Tiene que ver con el lenguaje no verbal, que incluye: miradas o ademanes intimidatorios, señas obscenas, muecas burlonas, etcétera. Puede tener lugar en presencia del adulto, sin que éste se dé cuenta del momento en el que se realiza por la rapidez y brevedad de su duración.

- ***Cyberbullying:*** Es el *bullying* que se lleva a cabo a través de teléfonos celulares, Internet y todo tipo de redes sociales. Los mensajes que se publican en estos medios incluyen amenazas, difamaciones, groserías, fotografías alteradas de los involucrados, chismes, etcétera. Suele darse de forma anónima y tiene un alcance masivo.

¿Quiénes participan en el *bullying*?

Te presentamos aquí el **triángulo del maltrato,** el cual está conformado por los siguientes integrantes:

1. Quienes ejercen los actos de violencia (son los *buleadores*).

2. Quienes reciben la violencia (son las víctimas).

3. Quienes observan el *bullying* (son los testigos).

Conozcamos más de cerca a cada uno de los integrantes de este "triángulo del maltrato" para poder identificarlos y conocer a fondo sus características. Empecemos con los chicos que ejercen la violencia: los *buleadores*.

¿Por qué los *buleadores* ejercen violencia? ¿Qué los lleva a actuar de ese modo?

- Los *buleadores* generalmente provienen de dinámicas familiares conflictivas, donde impera la violencia, el abuso, o la indiferencia. Un ambiente con tales características no favorece la expresión adecuada de impulsos y afectos; es por ello que tienden a ser impulsivos, demandantes, poco tolerantes a la frustración y a enojarse con facilidad; la rabia no la resuelven (ni la suya ni la de sus padres) y el amor se aleja de ellos cada vez más. En sus relaciones más significativas (con sus padres), son nulas o casi nulas las palabras cariñosas, los besos y los abrazos.

- Es posible que el *bullying* sea para ellos una manera de repetir activamente en la escuela un patrón de abuso de poder que sufrieron de manera pasiva en su familia; es decir, vuelven en "activo" lo que vivieron en "pasivo": si fueron atacados, atacan; si abusaron de ellos, ahora son ellos quienes abusan; si los maltrataron, maltratan… Este proceder revela una doble estrategia psicológica: a) En primer lugar, les permite tomar el control al ser ellos quienes realizan los actos violentos, y b) Terminan identificándose con quienes ejercieron sobre ellos la violencia como una medida de protección: "Me vuelvo como tú, violento, así ya no puedes atacarme, pues somos del mismo equipo". A esta maniobra defensiva se le conoce como: "identificación con el agresor".

- Es por esta razón que las víctimas que eligen son, en su mayoría, parecidas a ellos mismos, pues buscan que se muestren indefensas, tal como ellos se sintieron frente a quien los lastimó. Hay así una identificación con sus víctimas, aunque por supuesto los *buleadores* no se dan cuenta de ello.

- Muestran escasa o nula empatía hacia los demás; es decir, no sienten pena o dolor cuando maltratan a otros, denotando así un comportamiento que parece "duro" e insensible y, peor aún, que goza con el sufrimiento del otro. Tienen rasgos sádicos.

- Su autoestima se encuentra devaluada; su autoconcepto tiende a ser negativo. Han crecido en ambientes familiares donde la valoración del otro casi no tiene lugar, donde el reconocimiento se enfoca más hacia "lo malo", haciéndoles creer que ellos mismos son así, "malos" y, por consiguiente, se comportan como lo que "creen ser", pues es lo que han escuchado a otros decir de sí mismos.

Positivo

Negativo

AUTOESTIMA

- Suelen ser poco o nada cooperativos en las tareas de grupo. Su sentido de pertenencia se ha visto lesionado y, aunque desean a toda costa "pertenecer", no saben cómo hacerse un lugar en el grupo sin recurrir al ejercicio de la violencia, la cual es una de las formas de relación más conocidas por ellos, ya que mucho de lo que consiguen es a través de actos violentos. Esta situación los lleva a envidiar a quienes sí logran ocupar un lugar dentro del grupo y son aceptados y queridos; ellos, por el contrario, se sienten cada vez más alejados del "buen trato" y se refugian detrás del "maltrato", para no evidenciar su debilidad.

- Tienden a mostrarse desafiantes hacia las figuras de autoridad, como una maniobra psicológica defensiva, pues las primeras figuras de autoridad (padres) resultaron para ellos bastante amenazantes. Volverse desafiantes es una manera de transformar ese temor primario en lo contrario: "Ya no te temo porque soy más fuerte que tú y no voy a seguir tus reglas"; por consiguiente, las cosas tienden a hacerlas fuera de los límites, "a su manera", mostrando pocos escrúpulos y no les interesan las opiniones de los demás.

Después de leer esta semblanza sobre algunas características de quienes cometen los actos de violencia, parece que la percepción que usualmente hemos tenido de ellos como "los malos del cuento" se vuelve más nítida.

En efecto, estos chicos a los que se denomina *buleadores* son los que hacen "el trabajo sucio", cometen actos violentos, maltratan, causan sufrimiento, etcétera. Sin embargo, por lo general fueron ellos mismos víctimas de actos violentos, fueron maltratados y se les provocó sufrimiento; aprendieron desde pequeños a relacionarse de este modo.

¿Es posible que estos chicos (*los buleadores*) cambien y modifiquen su comportamiento?

Por fortuna hay esperanza, pues el cambio es posible.

Es verdad que "en un corazón enojado no hay espacio para el amor", como afirman Laura Rincón Gallardo y Elvira Halabe (2013); incluso, podríamos agregar: en un corazón enojado y lastimado… Sin embargo, es posible integrar el amor a la vida y sobreponerse al enojo "añejado" en el corazón, abriéndole espacios para confrontarlo y manejarlo. Las mismas autoras señalan: "Si enseñamos a confrontar verbalmente el enojo guardado para poder solucionarlo, es posible llevar las relaciones personales, poco a poco, a la polaridad del amor."

La pregunta aquí es: ¿tenemos que enseñar sólo a confrontar el enojo a los que ejercen los actos violentos? ¡Por supuesto que no! Nosotros como padres, *educadores de la paz,* necesitamos aprender a comunicar nuestros propios sentimientos para poder enseñar esto a nuestros hijos, a fin de que ellos puedan expresar aquello que les molesta, disgusta o enoja, y no sea necesario llevarlo al escenario de la acción, es decir, a los hechos violentos.

Ésta es una herramienta muy poderosa que nos ayuda a educar en la paz: **confrontar verbalmente el enojo guardado.**

¿Sabes cómo hacer una confrontación verbal? Rincón Gallardo y Halabe (2013) lo explican en tres sencillos pasos:

1. Describe la conducta (puede ser la del hijo o de otra persona).
2. Menciona el sentimiento (qué genera en ti esa conducta).
3. Finaliza con un efecto tangible (algo que pueda observarse, medirse, llevarse a cabo o dejar de hacerse).

A un hijo que está actuando como *buleador,* le podríamos dar este mensaje confrontador (en lugar de una "gritoniza"):

"Cuando me informan en la escuela que has maltratado a alguno de tus compañeros, siento vergüenza y me canso de tener que escuchar las mismas quejas."

Si el mensaje es efectivo, el enojo puede solucionarse de forma verbal, ya que el hijo comprenderá por qué los padres se molestan por su conducta, y es posible que en el niño se despierte el deseo de cambiar su conducta indeseable para ayudar a que el padre se sienta mejor.

Tomándonos "el pulso"

Es importante darnos cuenta si nuestros hijos presentan alguna o varias de las características explicadas en los párrafos anteriores, pues estamos a tiempo de detener este camino y cambiar el rumbo.

Vamos a enlistar esas características para facilitar su identificación. Intenta leerlas sin juzgar ni criticar, ni a tu hijo ni a ti. Si hay alguna que "te cheque", márcala.

- Los *buleadores* provienen de situaciones familiares conflictivas o de indiferencia.

- En sus familias, la expresión de afectos no es prioritaria.

- Es posible que con el ejercicio de la violencia estén repitiendo un patrón de abuso de poder o de fuerza.

- Se les dificulta el manejo de impulsos y afectos.

- Se guardan la rabia y no saben confrontarla verbalmente, la llevan al terreno de los actos violentos para liberarla.

- Tienden a mostrar poca tolerancia a la frustración.

- Suelen ser poco empáticos con los demás; son incapaces de imaginar cuánto pueden sufrir las víctimas y gozan con ese sufrimiento.

- Se aprecia en ellos un comportamiento duro e insensible que muestra pocos escrúpulos.

- Su autoestima se encuentra devaluada con frecuencia o tiende a ser negativa.

- Se manifiestan poco o nada cooperativos en tareas de grupo.

- Se muestran desafiantes hacia las figuras de autoridad.

- Les gusta que las cosas se hagan a su manera.

- Aprenden que con actos violentos logran lo que se proponen.

- Quieren que los demás sigan sus decisiones, y no les interesan las opiniones de los otros.

Este breve ejercicio puede orientar el rumbo por el que van nuestros hijos y nosotros mismos en el manejo de la rabia. Es tiempo de aprender a decirle al otro (sea niño o adulto) lo que su conducta provoca en nosotros. De esta manera, sacamos nuestro enojo aclarándole al otro por qué su conducta nos molestó tanto.

Finalmente, revisa de nuevo los tres pasos para llevar a cabo una confrontación verbal.

Conozcamos ahora las características de las víctimas, para que éstas nos ayuden a identificarlas.

¿Por qué las víctimas "permiten" el maltrato en ellos mismos?

La *víctima* es la persona sobre quien se realiza el abuso o acto violento. Suele ser un niño o adolescente que presenta alguna debilidad y con frecuencia son situados por sus compañeros en la parte baja de la escala social escolar (Cobo y Tello, 2011).

- A las *víctimas,* al igual que ocurre con los *buleadores,* el asunto concerniente al *manejo de afectos,* no se les da muy bien que digamos. En sus hogares, tal parece que hubiera una "avería" en la comunicación libre y espontánea, sobre todo en terrenos complicados como en la expresión de rabia, tristeza o miedo, así como en los sentimientos que conectan a la felicidad, como el cariño, la aceptación y el reconocimiento… (Rincón Gallardo y Halabe, 2013). Casi no se dicen entre ellos que se quieren, ni se reconocen tampoco en lo bueno y, cuando aparece la rabia o la tristeza, tienden a esconderlas. Es como si dijeran: "Aquí no pasa nada: ni nos enojamos a rabiar, ni brincamos de contento"; podríamos decir que tienden a un *aplanamiento afectivo*. Esto es fácil de representar si imaginamos una línea horizontal en una gráfica con ligeras y casi imperceptibles curvas hacia arriba y hacia abajo… Sucede que han "guardado" sus emociones para no sentirlas y, por consiguiente, para no ser "sentidos" por los demás. Esta maniobra psicológica no es más que una defensa que aparentemente los protege de la amenaza que les supone entrar en relación con el otro.

- Lo anterior explica su timidez, su tendencia a permanecer callados, a aislarse y a no saber expresarse asertivamente; ellos tampoco manejan el arte de la empatía. Al igual que los *buleadores,* son burdos en sus interacciones.

- En ocasiones, la misma coraza defensiva que usan las víctimas, hace que algunos se relacionen a la defensiva con los demás, sólo que a diferencia de los que cometen los actos violentos, este tipo de víctimas recurren a la *agresión pasiva* (pueden herir sin gritar), y ello suele hacer *click* con los *buleadores* y, así, la agresión pasiva se engancha con la agresión activa.

- Otro tipo de víctimas –los que no recurren a la *agresión pasiva*– son aquellas que entran en estado de *indefensión,* el cual se originó al haberse experimentado "a la deriva" en la tempestad de sus impulsos y afectos, sin que sus padres pudieran contenerlos ni protegerlos de tal sensación. Se las tuvieron que arreglar solos frente a sus afectos y aprendieron a actuar como si nada pasara, pero en el fondo, son chicos que viven confundidos con sus sentimientos; metafóricamente es como si los sintieran dentro de su cuerpo como una madeja de estambre enredada, sin saber dónde empiezan ni dónde terminan (Rincón Gallardo y Halabe, 2013): "están hechos un nudo" y eso los hace sentir débiles y frágiles. Por eso, cuando están solos, encerrados y sin contacto social –los amigos son casi nulos–, se encuentran más seguros.

- El espejo en el que se miran les refleja *una imagen borrosa y difusa de sí mismos,* ya que tampoco los adultos que los rodean los han sabido valorar y reconocer para que ellos aprendan a valorarse y reconocerse.

- Si a lo anterior agregamos el condimento de que algunas *víctimas* suelen presentar *diferencias evidentes* que los han orillado a estados emocionales como los descritos, la situación se complica aún más. Al hablar de diferencias, nos referimos a cualquier rasgo o preferencia que los coloque en el grupo de las minorías: algún tipo de discapacidad, o variaciones en la talla y peso que marca la moda, o en el color de la piel o del cabello, o en materia de creencias religiosas, o de futbol, entre otras muchas.

- Con una *baja autoestima* como la que suelen tener las víctimas, resulta complicado enfrentar a las "mayorías"; algunas víctimas se sienten incompetentes para ello, por lo que tienden a evitar participar en actividades escolares, pierden el interés y las ganas de ir a la escuela y recurren de nuevo al aislamiento como una forma de protección.

- Es frecuente que las víctimas tiendan a entrar en episodios depresivos: Se alteran sus patrones de sueño y alimentación, pierden interés en actividades que antes les gustaba realizar, sus calificaciones bajan, permanecen callados, taciturnos, algunos somatizan y presentan dolores de cabeza y estómago, entre los problemas más comunes; hay también quien se autoagrede, volcando sobre sí la agresión que se ha "tragado" y no ha podido ni sabido cómo expresarla, culpándose a sí mismos de lo que ocurre en el entorno; otros más tienen ideas suicidas: desean morirse como recurso para liberarse de su callado sufrimiento.

Tal parece que después de haber leído la semblanza de las víctimas del *bullying,* queda un aire de desánimo en el ambiente y un sabor de tristeza o quizás hasta de impotencia…

¿Es posible que las víctimas cambien y modifiquen su comportamiento?

Estamos convencidos de que esto es posible.

Al igual que con los chicos que ejercen la violencia, hay que trabajar también con las víctimas la confrontación del enojo (rabia) de manera verbal y darle a esta emoción un valor positivo, ya que su buen manejo permite autoafirmarse y defender lo que es propio y lo que es justo. Si las víctimas aprenden a comunicar en forma clara sus sentimientos, adquieren el poder de expresar lo que necesitan, lo que les disgusta o molesta, y podrán poner límites. Todo esto en conjunto generará una gran seguridad en ellos mismos.

La ganancia más importante de que el enojo sea manejado a través de una confrontación verbal es el amor, porque al confrontar al otro verbalmente, nos liberamos del enojo (Rincón Gallardo y Halabe, 2013) y ello nos posibilita integrar el amor en nuestras relaciones.

Tomándonos "el pulso"

Del mismo modo que en el ejercicio anterior, es importante darnos cuenta si nuestros hijos presentan alguna o varias de las características explicadas en los párrafos anteriores, pues estamos a tiempo de detener este camino y cambiar el rumbo.

Vamos a enlistar a continuación tales características para facilitar su identificación. Intenta leerlas sin juzgar ni criticar, ni a tu hijo ni a ti mismo. Si hay alguna que "te cheque", márcala.

- A las víctimas se les dificulta la expresión de afectos e impulsos: tienden al aplanamiento afectivo, a "guardar" sus emociones, a autoculparse de lo que ocurre; y pueden llegar a autoagredirse.

- Suelen buscar el aislamiento social: poco contacto o interacción con otros grupos de pertenencia.

- Tienden a ser callados, introvertidos y tímidos.

- Presentan sentimientos de indefensión.

- Con frecuencia se muestran inseguros y su autoestima es baja.

- Pueden tener o no alguna diferencia que los lleve a formar parte de las minorías: alguna discapacidad, o variaciones en la talla y el peso que marca la moda, o en el color de la piel o del cabello, o en materia de creencias religiosas, o de futbol, entre otras.

- En ocasiones no quieren asistir a la escuela ni participar en actividades escolares.

- Evitan a sus compañeros, y casi no tienen amigos.

- Inesperadamente puede haber cambios radicales en sus resultados académicos: baja de calificaciones; en su conducta: se muestran más ansiosos y temerosos; así como una falta de interés repentino por actividades que antes les gustaban.

- Presentan con frecuencia cuadros depresivos que alteran los patrones de sueño y alimentación y que llegan incluso hasta alguna idea suicida.

- Inexplicables dolores de cabeza, estómago, ansiedad, pesadillas, miedo, etcétera (reales o fingidos).

Este breve ejercicio sólo pretende ayudar a orientar el rumbo por el que van nuestros hijos y nosotros mismos en la línea relacionada con el manejo del enojo. Podemos decir entonces: ¡se vale enojarse!, y no sólo eso: "es indispensable poder confrontar el enojo en forma verbal para solucionarlo" (Rincón Gallardo y Halabe, 2013) y más aún, para poner límites, para autoafirmarnos y para defender lo que nos pertenece.

Conozcamos ahora a los últimos integrantes del triángulo del maltrato: *los testigos.*

¿Qué papel juegan *los testigos* en el *bullying*?

- La presencia de *los testigos* implica una especie de complicidad, la cual no es aceptada fácilmente, pues como dice aquel refrán: "El que calla, otorga" y los *testigos* que ven cómo se cometen los actos violentos sobre otros y no dicen nada ni los denuncian, por ello se convierten en cómplices.

- Lo que ocurre es que en la mayoría de los casos *los testigos* no saben qué hacer, tienen miedo y prefieren mantenerse al margen porque nadie les ha revelado el inmenso poder que tienen para detener el *bullying*. ¿Sabes por qué? Porque los *buleadores* perciben en ellos fuerza y no debilidad como en sus víctimas, de manera que no les es posible atacarlos, pues el ataque suelen dirigirlo a quien no se defiende, a quien no pone límites, a quien está solo, y los testigos por lo general están acompañados de sus amigos.

- Sin embargo, como los testigos no saben nada de lo que acabamos de describir, a ellos les da seguridad que otro sea la víctima porque de esa forma se cercioran de no ser ellos los *buleados*.

Diferentes tipos de testigos

- **Los indiferentes:** Ellos perciben la violencia como algo natural. Creen que todo es un juego. Esta percepción los mantiene en su zona de confort, donde permanecen para evitar ser lastimados al igual que las víctimas. ¡Error! Los que ejercen la violencia no se meten con ellos pues la fuerza de los testigos es mayor.

- **Los que se unen y apoyan los actos de violencia:** Estos testigos se unen a las acciones de los *buleadores* por contagio social y sentido de pertenencia. Es también una maniobra defensiva, pues creen que al colocarse en el mismo equipo de quienes realizan los actos de violencia, no serán tratados como la víctima. Esta creencia también es errónea.

- **Los que se indignan, pero no intervienen:** Presenciar los actos de violencia que se cometen, les genera sentimientos de tristeza, miedo, enfado, frustración, etcétera, pero se sienten impotentes para detener la violencia, cuando en realidad desconocen el verdadero poder que poseen.

- **Los que son líderes positivos:** Opositores valientes contra los actos de violencia. Estos testigos son los que pueden detener el *bullying*. Tienen capacidad de liderazgo y su ejemplo puede ser imitado por la mayoría del grupo; ellos son capaces, en primera instancia, de "parar" la violencia; confrontando verbalmente al que la comete, expresándole que su comportamiento les disgusta, les molesta y que no van a tolerar que siga cometiendo abusos sobre otros.

Estos *testigos* que son líderes positivos pueden ofrecer al principio protección a las víctimas, pero en el proceso es necesario que las "empoderen", es decir, que las víctimas se sientan apoyadas por ellos y que "tomen prestada" la fuerza de estos testigos para que posteriormente se adueñen de ella y enfrenten a los que han cometido actos de violencia sobre ellos. Es posible que los testigos hagan esto porque han tenido en su casa un buen entrenamiento: sus padres los han empoderado desde la relación que llevan con ellos y por eso pueden pasar y multiplicar la experiencia con las víctimas.

Los testigos: ¿una solución?

Piensa y pregúntate, por un momento, ¿a cuántos que cometen actos de violencia conoces?, ¿a cuántas *víctimas* conoces? y ¿a cuántos *testigos* conoces?

El porcentaje mayoritario corresponde sin duda a los *testigos.* Ellos son los que abarcan la mayor parte de la población; luego entonces tenemos un sector muy numeroso, el que más, con la fuerza necesaria para detener el *bullying,* pues como hemos mencionado quienes cometen los actos de violencia no se dirigen hacia ellos, saben que los *testigos* pueden defenderse, que son más fuertes, que no están solos, que están rodeados de amigos, que la mayoría del grupo puede llegar a ponerse de su lado y se saben, por tanto, en desventaja frente a ellos.

No todos los *testigos* son líderes, es cierto, pero no necesitamos tampoco que todos lo sean; basta con que empoderemos a los *testigos* en general con la fuerza de su voz, confrontando verbalmente la rabia que se está manifestando en los actos de violencia ejercidos. Es importante hacerles saber que son capaces de detener el maltrato, pues desde "el silencio", se corre el riesgo de acostumbrarse a la violencia y verla como algo "natural", tergiversando así el valor de la dignidad humana. Hay testigos que han llegado a expresarse de la víctima con las palabras: "¡Se lo merece!". Pero en realidad, nadie merece que su dignidad sea maltratada ni humillada.

Esto es, en sí mismo, una solución práctica que se encuentra "a la mano" en todos los triángulos del maltrato, pues en todos existen los *testigos*.

Por el contrario, cuando la "ley del silencio" impera, nos convierte a todos en corresponsables de la violencia.

Así, nuevamente llegamos al punto ya conocido, donde la confrontación verbal del enojo se vuelve una herramienta muy útil y necesaria para el manejo del *bullying*.

¿Qué podemos hacer como papás, educadores de la paz, frente al *bullying*?

Podemos hacer mucho y poco a la vez... Con esta paradoja me refiero a lo siguiente: si lo deseas, haremos juntos un listado de actividades que pueden ayudar a nuestros hijos a desenredarse del *bullying,* en caso de que se encuentren atrapados en él, y parecería que por ese lado, tenemos mucho qué hacer.

Sin embargo, en realidad no son tantas las "hazañas" que hay que realizar para ser *educadores de la paz.*

Lo esencial

Somos seres *de* relación y estamos *en* continua relación con otros. Nuestra vida gira en torno a las relaciones que tenemos…

Las relaciones más importantes de la vida, sin duda alguna, son las que establecen los hijos con los padres y recíprocamente, de los padres con los hijos. En ellas se gesta "el sello" que han de llevar nuestras relaciones posteriores.

El *bullying,* al igual que otras muchas situaciones de la vida, nos remite a detenernos en las relaciones que como padres entablamos con nuestros hijos.

A lo largo de este capítulo ha quedado de manifiesto que dos de los participantes del triángulo del maltrato (tanto el que comete los actos de violencia como el que los recibe), *no aprendieron a relacionarse amorosamente* con sus padres, pues al parecer estos padres no lograron satisfacer adecuadamente las necesidades básicas de estos niños y en lugar de ello hubo violencia, la cual generó, a su vez, más violencia: unos porque la ejercen y otros porque la reciben.

Hemos visto antes cómo es que estos niños aprendieron a relacionarse desde el abuso de poder, desde la indiferencia, desde la distancia, desde el enojo guardado, desde el cariño no expresado, desde los besos y las caricias no brindadas; en pocas palabras, desde las necesidades insatisfechas por parte de sus padres que no permitieron un APEGO SEGURO de estos pequeños (Halabe, 2013).

¿Qué es lo esencial entonces? Lo esencial va encaminado a vivir precisamente en relación amorosa, en cercanía, en intimidad afectiva y para ello hay que conocer y satisfacer las propias necesidades, trabajando con uno mismo.

Para que esto resulte más claro, imagina por un momento que tú eres como un vaso y que el agua que en él se vierte son las circunstancias que ocurren en tu vida. Un padre o una madre que se conoce y satisface sus necesidades, sabe cuál es la capacidad que alcanza su vaso, y qué necesita para evitar que el agua llegue al ras. Un padre satisfecho, ha encontrado maneras adecuadas para que el agua no se acumule y no se estanque en su vaso, busca momentos para el descanso, la diversión, la tranquilidad, la comunicación, identifica si está triste, alegre, etcétera.

Cuando estas necesidades no son atendidas, más aún, cuando ni siquiera se conocen, se va acumulando la insatisfacción hasta que llega el momento en que "una gota" basta para derramar el agua del vaso. Esto sucede cuando reaccionamos atacando, gritando, golpeando, lastimando, huyendo, sin saber nosotros mismos lo que pasa (y menos aún los hijos) a quienes "de refilón" les cae encima el agua derramada.

Cuando el vaso está al ras, las relaciones con nuestros hijos no satisfacen sus necesidades y permitimos la entrada a la violencia. Con un vaso así de lleno, no podemos ser *educadores en la paz,* sino *en la violencia.*

Para educar en la paz, necesitamos primero identificar nuestras necesidades y así poder satisfacer las de nuestros hijos; es decir, permitirles que se refugien en nosotros, que se apoyen en nosotros, que encuentren eco en nuestra voz de lo que les pasa, que les ayudemos a entender lo que sienten y, sobre todo, que se sientan amados incondicionalmente por lo que son, no por lo que hacen.

Si buscamos que ése sea "el sello de la casa" que lleven las relaciones de nuestros hijos, no tendremos que preocuparnos por que se peleen en la escuela, porque lo importante no será que sepan defenderse, sino que sepan relacionarse, pues lo habrán aprendido a hacer en casa, con nosotros, y si alguien pretende abusar de ellos, ese lazo de relación ayudará a que se protejan y se estructuren. Entonces habremos logrado nuestro cometido como educadores en la paz.

Lo que hay que practicar

Repasemos DOS de las herramientas que hemos mencionado a lo largo de este capítulo:

1. La confrontación verbal del enojo guardado

Recurrir a esta práctica ayuda a los hijos a saber qué es exactamente lo que hacen o dejan de hacer que causa enojo a sus padres, y aprenden que en su familia es válida la confrontación para expresar el sentimiento de rabia (de sus padres hacia él y de él hacia sus padres).

Como lo hemos subrayado, las confrontaciones verbales liberan la rabia, con lo que ésta no se queda atorada dentro y así sanan las heridas.

A los padres nos ayuda a tomar conciencia de que es posible enfrentar la violencia sin violencia, y de esta manera podemos enseñarlo a nuestros hijos. No se puede educar para la paz desde la violencia.

Este aprendizaje en casa que pueden recibir nuestros hijos, les ayudará a protegerse de los efectos nocivos de la violencia.

2. La escucha inteligente

Nos invita a escuchar "lo que no se puede decir, pero que podemos sentir del otro"; es importante aquí distinguir que esa sensación NO es propia, sino que corresponde a lo que está sintiendo el otro. Y sirve para poder aclararle al otro lo que está pasando y no se ha logrado expresar con palabras (Halabe, 2013).

Esto es así: desde la escucha inteligente…

"Esta tristeza que ahora siento y me llega de lo que a ti te pasa, es tuya, no sabes qué hacer con ella, la pongo a tu servicio y te la paso" (Halabe, 2013).

Para practicar la escucha inteligente, hay que hacer UN ALTO, detenernos a "escuchar lo que sentimos y nos llega del otro", abriéndonos a la empatía, a la comprensión, al encuentro (Halabe, 2013) y así dejaremos de reaccionar amenazando, gritando, interrogando, juzgando, criticando, regañando, etcétera.

La escucha activa puede ser retroactiva; es decir, si por la noche estamos revisando cómo fue nuestro día, revisamos nuestras emociones y recapacitamos en que sentimos el dolor o el enojo o la tristeza de nuestros hijos, al día siguiente podemos darles el mensaje (Halabe, 2013): "Ayer, cuando pasó tal cosa, te sentiste maltratado, no escuchado, que no valías…" Cuando el hijo comprende que así se sintió realmente, él mismo desea dejar de sentirse así y hace cambios para lograrlo.

Estos mensajes aclaran al otro lo que le pasa y lo empodera para saber qué hacer… Lo saca de la zona del estrés y se producen movimientos.

Es como estar perdidos y al recibir un mensaje desde la escucha inteligente se encendiera una luz que nos aclara dónde estamos, reconocemos el terreno y procedemos a regresar.

En la medida en que vayamos conociéndonos mejor e identifiquemos nuestros propios afectos, será más fácil recurrir a esta herramienta para ayudar a nuestros hijos a que entiendan lo que les sucede a través nuestro y, más importante aún, se sabrán aceptados incondicionalmente.

3. El listado

Enumeremos a continuación algunos *tips* que podrán ayudarte a hacer frente al *bullying* como educador de la paz.

Consejos de intervención para los padres de la víctima y del agresor

Tenemos que informarnos:

- Conocer a los amigos de nuestros hijos.

- Tener contacto con la escuela.

- Estar abiertos a la comunicación: no juzgar ni calificar las acciones de nuestros hijos; mostrarnos empáticos y sobre todo cercanos.

- Buscar ayuda profesional si no podemos recuperar la relación, la confianza, el diálogo, la cercanía afectiva…

Consejos de intervención
para los padres de la víctima

Observa y siente a tu hijo:

- ¿Qué le pasa? ¿Por qué le duele constantemente la cabeza o el estómago? Lo ves decaído, platica menos, se nota preocupado, no hace tareas… Pero sobre todo, aprende a SENTIRLO desde la escucha inteligente. Eso te va a dar mucha luz y claridad sobre lo que le está sucediendo.

Atiéndelo y entiéndelo

- Identifica sus fortalezas y comunícaselas.

- Habla con tu hijo sobre los cambios que has percibido en él, mostrando absoluta comprensión y empatía.

- Evita comentarios que parezcan regaños o pongan en duda lo que el niño ha dicho.

- Desde la escucha inteligente, revisa si tu hijo necesita:

  – La compañía de otros amigos.

  – Que le enseñes a poner límites para que no lo humillen o le exijan cosas para ser aceptado.

  – Aprender a tener la firmeza necesaria para decir que lo dejen en paz.

- – Denunciar ante un adulto lo que le está ocurriendo.

- – Buscar junto contigo soluciones creativas al conflicto.

Consejos de intervención para los padres del agresor

- Redoblar con ellos la escucha inteligente y la confrontación del enojo guardado.

- Promover que asuma las consecuencias de su conducta.

- Enseñarlo a reparar el daño ocasionado.

- Ejercitar su capacidad de empatía: "¿Cómo crees que se sintió…?".

- Buscar momentos de cercanía afectiva.

- Romper la rutina y buscar alguna actividad recreativa que disfruten juntos para que aprenda a relacionarse desde otro marco de referencia.

Consejos de intervención para los padres de los testigos

- Aclárales que cuando los testigos no denuncian el *bullying,* su silencio se interpreta como "complicidad" de la conducta violenta.

- Promueve que se orienten a buscar el bien común.

- Empodéralos frente a la violencia: ellos pueden disminuir el poder del *buleador* denunciándolo y reprobando públicamente su conducta.

- Se les puede recomendar:

    – Distraer al que comete el acto violento, cuando va contra la víctima.

    – Estar cerca de la víctima y no dejarla sola.

Capítulo 10

PROBLEMAS EMOCIONALES Y DE CONDUCTA

Antes de iniciar queremos que pienses que con su comportamiento tu hijo quiere decirte algo. Recuerda que a los niños a veces les cuesta trabajo expresar con palabras lo que sienten y tienen que emplear otras estrategias para llamar tu atención; es la manera que usan para decirte: "¡Mamá!, ¡Papá! ¡Aquí estoy!".

Se puede hablar de un desorden cuando el niño tiene una respuesta emocional o conductual notablemente diferente a la esperada a su edad, situación cultural y étnica. Esta respuesta puede ocasionar un efecto negativo tanto en su desempeño académico como en las habilidades de socialización.

Características:

- Ser más que una respuesta temporal a situaciones de estrés.

- Ser exhibida en más de dos entornos: la casa, la escuela, la calle, etcétera.

- No mostrar mejoría después de que ya se han hecho varios intentos por corregirla.

Algunas de las que se pueden presentar son:

- Depresión.

- Miedos.

- Enuresis y encopresis.

- Deficiencias en las habilidades sociales: violencia, robo y mentiras.

A continuación explicaremos brevemente en qué consisten y daremos algunas estrategias sobre cómo ayudar a los pequeños.

1. Depresión

Puede aparecer a cualquier edad. Abarca una amplia gama que va desde un ánimo temporalmente decaído, hasta cierta disposición crónica con estados de autodestrucción y muerte.

Hay eventos en la vida de los niños que pueden ocasionar un estado depresivo. Los más comunes son: la separación de los padres, la muerte de un ser querido (incluidas mascotas) y un cambio de domicilio o de escuela. Los niños atraviesan por las mismas etapas de duelo que atraviesan los adultos, y éstas son:

Negación. Cuesta trabajo creer que algo malo pasó y por eso actúan como si nada hubiera ocurrido.

Enojo. Puede manifestarse de muchas maneras, como en forma de berrinches o que el niño responda constantemente de manera grosera.

Depresión. Que se observa como una gran tristeza, y

Aceptación. Cuando finalmente llega la resignación y se puede seguir adelante.

A veces los niños se quedan atrapados por mucho tiempo en el estado de la depresión y, como padre, puedes detectarlo observando los siguientes síntomas:

Físicos:

- Falta o exceso de apetito. Muchos niños empiezan a comer mucho, ya sea en un solo momento o buscan estar comiendo todo el día. O al contrario, hay niños que repentinamente pierden el apetito y aunque les ofrezcan su comida preferida la rechazan o comen poco.

- Poca energía. Se observa que no tienen ánimo ni para realizar actividades que antes les entusiasmaban.

- Dificultad para concentrarse. Cuando están estudiando o haciendo la tarea se desconcentran con facilidad. Incluso hay veces que estás platicando con ellos y de repente te das cuenta que están viendo para otro lado y ya no te están poniendo atención.

- Irregularidades en el sueño. Aquí también se pueden observar los extremos, ya sea que quieran dormir todo el día o que presenten dificultades para conciliar el sueño o que se despierten constantemente en la noche argumentando que no pueden dormir.

Conductuales:

- Tristeza o melancolía. Su cara los delata e incluso en muchos casos se observa a los niños llorar por cualquier cosa de manera excesiva y con frecuencia.

- Pensamientos de desesperanza. Se derrotan constantemente incluso antes de iniciar la tarea, otras veces se ven pesimistas ante cualquier suceso: "para qué estudio si de cualquier forma voy a reprobar".

- Autodevaluación, hablan mal de ellos mismos constantemente, en diferentes aspectos, tanto físicos ("soy fea") como intelectuales ("soy tonta").

- Aislamiento social. Evitan estar con otras personas; incluso a veces la maestra podrá comentar que no quieren estar con nadie en el recreo, o se ven poco entusiastas para asistir a fiestas o eventos familiares.

- Hablan con frecuencia de la muerte. Muchos niños pueden manifestar constantemente que les gustaría morir o que no le ven sentido a la vida. **Atención:** A este tipo de comentarios hay que darles importancia, pues indican una gran tristeza y en casos extremos, son indicativos de que el niño puede hacer algún intento de atentar contra su vida.

¿Cómo lo ayudo?

- Acércate más a tu hijo, juega con él, puedes leerle cuentos con temas relacionados con su pérdida o de algún tema de su interés o incluso cómico. Dedícale un tiempo especial: pueden hacer cosas que a él le gusten, llevarlo de paseo, invitarlo a comer su comida favorita, etcétera.

- Conversa con él, crea un clima de confianza, permítele expresar sus emociones sin juzgarlo; simplemente escúchalo. Cuando los niños tienen un espacio para hablar de lo que les entristece pueden ir superando poco a poco su duelo.

- Sube su autoestima, háblale de manera objetiva de todo lo que te gusta de él; es decir, no le digas "Ay, qué lindo", mejor explica con ejemplos: "eres un niño muy cariñoso, me encanta que siempre que llego de trabajar me recibas con un abrazo".

- Propicia que juegue con otros niños, ya sean sus hermanos, primos, amigos. Convivir con otros niños le puede levantar su estado de ánimo.

- Propicia que practique algún deporte. Está comprobado que al hacer ejercicio se liberan endorfinas que son hormonas que permiten sentir felicidad, alegría, y que funcionan como un analgésico natural que disminuyen el sentimiento de dolor, la ansiedad y el estrés.

- Preocúpate por su aspecto físico. Puedes alentar un corte de pelo, comprar ropa de moda, etcétera. Considerarse a gusto con su apariencia lo hará sentirse mejor.

- Hay que poner atención si en la casa no se está viviendo un clima de tristeza familiar, ya que de ser así lo más adecuado es buscar la ayuda de un especialista para que trabaje con toda la familia. Puede ser un terapeuta familiar o un tanatólogo, que es quien apoya a las personas que se encuentran en un proceso de duelo.

- Debes estar alerta a los síntomas antes mencionados, ya que como explicamos al inicio de este capítulo es normal que los niños atraviesen por una fase de "duelo", pero si ésta se prolonga, o se manifiestan de manera excesiva algunos de los síntomas explicados anteriormente, o no encuentran alguna causa que pueda estar originando ese estado, es recomendable buscar ayuda profesional. Pueden ser un psicólogo infantil o un paidopsiquiatra (psiquiatra que atiende a niños) los indicados para tratarlo y medicarlo, en caso de ser necesario.

2. Miedos

Los miedos son comunes en los niños, por lo que pueden considerarse como parte de su desarrollo normal; sin embargo, una parte importante del crecimiento consiste en el fortalecimiento progresivo de la confianza en sí mismo y de la sensación de que los miedos se pueden controlar.

Pearce (2003, p. 18) explica que hay una serie de miedos que son comunes a cierta edad.

EDAD	TIPO DE MIEDO	
De los 6 meses a los 3 años.	A lo desconocido.	
De los 2 a los 4 años.	A los animales.	
De los 4 a los 6 años.	Oscuridad, tormentas y monstruos imaginarios.	
De los 6 a los 12 años.	Acontecimientos misteriosos.	
De los 12 a los 18 años.	A situaciones sociales embarazosas, fracaso escolar, muerte y guerras.	

¿Cómo lo ayudo?

- Mantente tranquilo y con confianza, ya que el miedo es contagioso. Muchas veces, sin darnos cuenta, transmitimos a nuestros hijos nuestros temores más profundos. Imagina qué piensa un niño al ver que su mamá o su papá salen corriendo cuando se acerca una palomilla: "si eso pone así a mis papás, ¡debe ser muy peligroso!".

- Bríndale seguridad para que se sienta protegido por ti de su miedo; él hará propia esa seguridad. Un niño que vive en un hogar donde se siente querido y protegido poco a poco va adquiriendo confianza en sí mismo.

- Ayúdalo a enfrentar el miedo paulatinamente; por ejemplo, si le teme a la altura podemos ir subiendo con él lugares cada vez más altos (el balcón de una casa, un puente peatonal, ¡hasta que se anime a aventarse de la tirolesa!).

- Investiguen juntos sobre el objeto temido. Esto es muy útil sobre todo con los niños más grandes, pues empiezan a tener un pensamiento más abstracto; por ejemplo, si teme subirse a un avión, pueden investigar juntos acerca de ellos y se darán cuenta que es uno de los transportes más seguros.

- No lo sobreprotejas, es decir, no hagas por él lo que ya puede hacer por sí mismo, y pueden ser cosas tan simples como vestirse o bañarse.

Otra manera de sobreprotección es resolverle todos sus problemas; cuando hacemos esto, no le permitimos que afronte sus errores y las consecuencias de ellos. Incluso algunos papás son capaces de mentir para "salvar a su hijo" de un castigo escolar. Al hacer esto, de acuerdo con Barocio (2004), sin darte cuenta le estás mandando el mensaje de "tú no puedes solo", o "el mundo es peligroso", y eso ocasiona en tu hijo miedos y sentimientos que lo hacen sentir inútil y débil.

- Enséñale técnicas de relajación, como escuchar música tranquila o alguna melodía que a él le guste. Le puedes pedir que tense algunos músculos y que después los vaya relajando poco a poco. Repetir una palabra varias veces es lo que en algunos lugares se conoce como "mantra", o puedes ayudarlo a relajarse pidiéndole que cierre los ojos (mientras pones música tranquila) y le puedes dar las siguientes indicaciones:

"Comienza sacando todo el aire que puedas y después jala la mayor cantidad de aire que puedas. Volvamos a hacerlo: saca aire despacio, que salga todo el aire y ahora inhala profundamente. Una vez más. Acompaña tu respiración con este pensamiento: Al sacar el aire piensa 'que salga aquello que me estorba'; y al tomar aire: 'que entre aquello que necesito y que me hace sentir bien'. Cierra tus ojos suavemente para que puedas concentrarte mejor en ti mismo y continúa respirando despacio; siéntate cómodamente, suaviza la expresión de tu cara: el ceño, los ojos, la boca, la barbilla… ¡Suéltate!

Permite que tus hombros y tu cuello se relajen, como si dejaran de lado un gran peso.

Concéntrate en tu respiración… Exhala e inhala… Si en tu cuerpo hay alguna parte tensa, manda ahí tu respiración y permite que esa parte se relaje."

Cuando el miedo llega a convertirse en algo irracional se transforma en fobia. De acuerdo con el *Diccionario Enciclopédico de Educación Especial,* las características de las fobias infantiles son: que no es proporcional a la situación que la provoca, no puede ser explicada o razonada, y no se puede controlar, por lo que se evita la situación temida. En estos casos es necesario solicitar ayuda profesional que puede ser de un psicólogo infantil o un paidopsiquiatra. En algunos casos es recomendable dar atención terapéutica a toda la familia.

3. Enuresis y encopresis

a) La enuresis es la falta de control del niño sobre su orina a una edad a la cual ya debería tenerlo. El control diurno se consigue generalmente de los 2 a los 4 años y el nocturno puede ser hasta los 5 años. La enuresis más común es la nocturna.

Hay dos categorías:

- Los casos en los que el niño nunca ha tenido control, y
- Los que ha llegado a tener, pero lo ha perdido.

Algunas de las causas que lo originan son: factores genéticos, pues en muchos casos se sabe que alguno de los padres lo padeció; sueño profundo; discapacidad funcional de la vejiga; conflictos en el aprendizaje del control de esfínteres (a veces los padres quieren que sus hijos lo adquieran a una edad en que todavía no es posible), y factores emocionales y alteraciones en la dinámica familiar.

¿Cómo lo ayudo?

- Cuando la causa es por un retraso en el desarrollo de la musculatura que soporta la vejiga y del músculo esfínter, Gadea (1992) sugiere que se le pida al niño que al orinar intente repetidas veces interrumpir la caída de la orina contrayendo los músculos; esto le ayudará a que los propios músculos vayan tomando un mayor tono.

- Mostrarse empático, comprender que el niño no lo puede controlar y no lo hace por molestar. Muchas veces empleamos frases que los hieren, como "niño cochino"; eso no es necesario, pues él ya de por sí se siente bastante mal por lo que le sucede. Lo único que se consigue con esto es que el niño sienta vergüenza, desaliento y hasta puede convertirlo en un niño retraído.

- A veces el problema es ocasionado porque el niño tiene una vejiga con poca capacidad; para estos casos es mejor darle muchos líquidos durante el día pero ya no dejarlo tomar agua después de las 6 de la tarde. También puedes llevar al niño al baño lo más tarde posible, aunque ya esté dormido.

- Pedirle al niño que lave su ropa. Si es pequeño, es suficiente con que lave su ropa interior, ésta es una manera de colaborar por el "daño" causado.

- Usar un protector de plástico debajo de las sábanas para evitar que el olor se impregne en el colchón.

- Evitar ponerlo en evidencia frente a otras personas, pues es una forma de avergonzarlo ante los demás.

- Acudir con un especialista. Como primera opción se sugiere que lo revise su pediatra, ya que él es el más indicado para canalizarlo en caso de ser necesario con un urólogo, psicólogo, o un paidopsiquiatra.

b) La **encopresis** es la defecación involuntaria que ocurre al niño mayor de 4 años, sin existir causa orgánica que lo justifique. Por lo general ocurre durante el día, contrariamente a la enuresis, y es menos frecuente.

Algunas de las causas son: entrenamiento descuidado en el control de esfínteres o, por el contrario, un entrenamiento inflexible y estresante que provocó en el niño ansiedad. También puede ser miedo al excusado, o dificultad en el manejo de la ansiedad. Pero la causa más común se atribuye a conflictos graves en la dinámica familiar.

¿Cómo lo ayudo?

- Pueden emplearse métodos conductuales en los que al niño se le refuerza de manera positiva, como sentarlo en el excusado y defecar. A veces se hace una especie de cartel donde se van colocando estrellas o palomitas cada vez que el niño va al baño, y cuando junte "x" número se le da un premio que puede ser un regalo o permitirle algún privilegio como que él pueda comer su postre favorito.

- Lo más conveniente es acudir con un especialista; también se sugiere pedirle al pediatra que nos recomiende cuál sería el especialista más adecuado: gastroenterólogo, psicólogo o paidopsiquiatra.

4. *Deficiencias en las habilidades sociales*

Se refieren a las capacidades que permiten al niño relacionarse con otras personas y hacer amigos. Abarcan aspectos que van desde la capacidad de conversar, compartir, mostrar buenos modales y buen humor.

Algunas deficiencias son:

a) Violencia.

b) Robo.

c) Mentira.

a) Violencia

Como vimos anteriormente al hablar del *bullying,* la violencia se refiere a actos u omisiones que atentan contra la integridad física, psicológica, sexual y moral de cualquier persona y que tiene la intención de causar daño.

Como ya se abordó este tema en el capítulo respectivo, sólo recordaremos que cuando un niño es víctima de violencia tiende a repetir ese mismo comportamiento; precisamente por eso es bueno evitar los castigos físicos y las agresiones verbales.

¿Cómo lo ayudo?

En lugar de utilizar el castigo, Faber y Mazlish (1980, p. 110) proponen las siguientes opciones:

- Señalar al niño una forma en que puede ser útil; por ejemplo, en lugar de decir: "¡te voy a acusar con tu papá y ya verás cómo te va a ir por estar aventando agua!", mejor presentar otro panorama: "veo que te gusta aventar agua, mejor ayúdame a limpiar el patio".

- Expresar una enérgica desaprobación pero sin herirlo, por ejemplo en lugar de decir: "¡pareces un animal!", puedes decir "¡no me gusta lo que haces!".

- Indicarle lo que esperas de él: en lugar de darle una nalgada le puedes explicar: "cuando te sirvas agua hazlo con cuidado, no llenes mucho el vaso porque se puede derramar, y en caso de que eso ocurra ve de inmediato por un trapo y limpia".

- A veces usamos palabras ambiguas como: "sé educado", "amable", entre otras, que en realidad al niño no le dicen lo que debe hacer; es mejor ejemplificar: "cuando lleguen los invitados, salúdalos e invítales algo de tomar".

- Emprender alguna acción. Muchas veces operamos como si tuviéramos un control remoto y no nos levantamos a supervisar o a prevenir un problema, por ejemplo la mamá dice: "deja esa figura de vidrio, se puede romper", en lugar de quitársela de inmediato para evitar un accidente. O podemos poner bajo llave aquellas cosas que sabemos que él niño no debe tomar sin permiso o supervisión.

- Permitir que el niño experimente la consecuencia de su mal comportamiento. Se le puede explicar que, debido a que estaba peleando, rompió el juguete de su primo y tendrá que pagarlo poco a poco con su domingo, entregárselo personalmente y ofrecer una disculpa.

Lamento haberte roto tu juguete, pero ¡mira!, aquí te traigo otro.

b) Robo

Hay niños que tienen poca tolerancia a la frustración o que son impulsivos, por lo que les cuesta trabajo esperar para obtener lo que quieren y les es fácil tomarlo.

Este hecho puede variar, desde robar dinero en casa, útiles o el *lunch* en la escuela, hasta hacerlo en diversos establecimientos.

¿Cómo lo ayudo?

- Pueden prevenirse estas conductas nocivas dotando a nuestros hijos de habilidades para lograr una mayor tolerancia a la frustración y aprender a aceptar un NO como respuesta. Por eso no es bueno comprarles todo lo que desean al momento. Hay que darles la oportunidad de ganarse las cosas, por ejemplo: "Ya tendiste tu cama, entonces ya puedes salir a andar en bici".

- Enseñando el hábito del ahorro. Así sabrán nuestros hijos que a veces es necesario esperar para obtener lo que se desea. Pueden comprarle un "cochinito" o una alcancía para ahorrar ahí y poder comprar ese juguete tan anhelado. Incluso puede negociarse que él ponga una parte y nosotros le ayudamos con otra. También puede ahorrarse como familia para un proyecto en común como un viaje.

- Identifica que en verdad él haya cometido un robo. Como padres debemos estar atentos; por ejemplo, ver si tiene objetos que no son suyos y cuya procedencia no sabe explicar.

- Dialoga sobre lo que motivó esa conducta, por lo que es importante que controles tus emociones. Barocio (2004) propone que en lugar de humillar a tu hijo a través de etiquetarlo con frases como "eres un ratero", burlarse de él, ridiculizarlo o insultarlo, es mejor calmarse antes de corregirlo, hacerlo en privado, tratar de entender el porqué de su comportamiento y aceptar que sus errores son una forma de aprendizaje.

  Si no hacemos esto, cerramos de inmediato el canal de comunicación, así que es mejor escuchar con calma. Si, por ejemplo, nos explica que "robó" ese juguete porque le gustaría tener uno igual, podemos ofrecerle la opción de ahorrar juntos para comprarlo.

- Nunca permitas un robo, por pequeño que sea. Hay veces que al ir de compras nosotros permitimos que nuestros hijos tomen algo "pequeño", como un dulce, cuando en realidad no importa el tamaño o el costo: eso es robar y al permitirlo damos un mensaje confuso. Otras veces vemos que nuestro hijo llega a casa con algo que no es suyo y nos hacemos "de la vista gorda". Siempre hay que aclarar con él de dónde vinieron las cosas y pedirle que las devuelva a su dueño.

- Hay que pedirle que se disculpe con la persona o con el gerente del lugar donde realizó el robo y devolver lo robado, ya que la restitución significa compensar a la otra persona por el daño ocasionado. Si ya no se puede devolver el mismo objeto debe darse algo similar o equivalente. No se recomienda únicamente pagar el dinero; es mejor que el niño se dé a la tarea de reponerlo. Por ejemplo, si le robó el *lunch* al compañero le podemos pedir que se levante más temprano y que prepare él mismo uno, hasta más rico que el que se llevó.

- Es importante conocer a los amigos de nuestros hijos, ya que muchas veces los niños realizan este tipo de conductas por imitar el comportamiento de otros o para ser aceptados dentro de un grupo.

- Si robar se convierte en algo persistente, es recomendable buscar ayuda profesional, que puede ser un psicólogo infantil o un paidopsiquiatra.

c) Mentira

A edades tempranas, la mentira es una actitud esperada que obedece al uso del pensamiento mágico. Bailey (2001) señala que los niños de 6 a 11 años están adquiriendo las habilidades de razonamiento por lo que, a veces, mienten para probar la diferencia entre la realidad y la ficción.

Las mentiras pueden ser:

1. **Defensivas:** justifican una falta incurrida, por lo general lo hacen por miedo.

2. **Compensatorias:** tratan con la mentira de compensar algún deseo. Por ejemplo: "Mi papá me llevó el domingo al parque".

¿Cómo lo ayudo?

- "No te enganches" ni lo acuses de "mentiroso"; únicamente explícale que eso que dice no puede ser real. Por ejemplo, si al preguntarle a tu hijo dónde dejó su mochila te contesta que vino un vampiro y se la llevó. Podemos incluso bromear con él y decirle: "ja, ja, yo pensé que había sido una bruja; ahora piensa y trata de recordar: ¿dónde dejaste la mochila?".

- Peter (2006) propone enseñar al niño la diferencia entre un error, una mentira y un cuento: el primero no es intencional y es suficiente con aclararlo; los cuentos se dicen dentro de un contexto de amor sin la intención de dañar a la otra persona; por ejemplo, la historia de *Santa Claus* o inventar algo para ocultar una sorpresa, lo cual será aclarado en su momento. Pero la mentira trata intencionalmente de distorsionar lo que somos y lo que hacemos; las mentiras destruyen y hacen que la persona esté ansiosa constantemente pues teme ser descubierto en cualquier momento.

- No es conveniente exhibir al niño que miente frente a los demás, pero tampoco hay que solaparlo. Si nos percatamos de que miente, de manera natural podemos comentar, por ejemplo: "No, hija, creo que te equivocaste, nosotros nunca hemos ido a ese lugar, aunque a todos nos encantaría". Y después a solas explicarle que cuando miente pierde la credibilidad y la confianza de los demás y, muchas veces, hasta preferirán evitar nuestra compañía.

- Nunca mientas enfrente de tu hijo. Recuerda que los hijos hacen lo que ven; muchas veces sin darnos cuenta mentimos o, peor aún, le pedimos a nuestros hijos que mientan por nosotros, y después nos sorprendemos cuando ellos lo hacen. Esto puede ocurrir, por ejemplo, cuando te llaman por teléfono: "Dile que no estoy", en lugar de: "explícale que estoy ocupado y que en cuanto pueda le devuelvo la llamada", o le enseñamos a: "si te pregunta tu papá dile que…", cuando siempre será mejor enseñarle a afrontar las cosas: "si te pregunta tu papá dile que me lo pregunte a mí".

- No emplees castigos estrictos o golpes, pues el niño prefiere mentir antes que verse expuesto a tu ira.

- Cuando se presentan de manera recurrente, indican la presencia de un conflicto en la dinámica familiar. El niño puede estar mintiendo por vergüenza o por culpa, tras lo cual oculta una realidad que le resulta inaceptable. En estos casos lo mejor es solicitar ayuda profesional de un psicólogo infantil.

A manera de conclusión

Si nuestros hijos presentan algún problema emocional o de conducta, como papás debemos:

- Dar siempre un buen ejemplo. Si no queremos hijos violentos no seamos así con ellos; si no queremos que mientan no hay que mentir; si queremos que sean honrados deben ver esa conducta en casa, etcétera.

- Crear en casa un clima de aceptación, donde los errores sean vistos como una oportunidad de crecer y ser mejores personas.

- No emplear castigos físicos ni agredir a nuestros hijos. Si lo hacemos así sólo dañamos su autoestima, cerramos el canal de comunicación y, sin darnos cuenta, favorecemos malas conductas en ellos, como "mentir para que no me regañen", o "robar el suéter de mi compañero y así no me peguen por haber perdido el mío".

- Desarrollar su autoestima, es decir, ayudarlo a sentirse bien consigo mismo, contento con sus habilidades y competente. Esto puede lograrse señalando de manera objetiva lo que nos gusta de él y no sobreprotegerlos.

- Protegerlo de las experiencias que puedan lastimarlos. Nosotros como adultos debemos prever situaciones conflictivas, estando más atentos a lo que hacen y conociendo a sus amigos.

- Buscar maneras diferentes de hacer las cosas. Hay que ser creativos, si algo no nos ha funcionado hasta ahorita podemos emplear nuevas estrategias.

- Ejercitar su inteligencia emocional.

- Platicar mucho con tus hijos. Si tuvieron algún problema no sólo les preguntes sobre los hechos, sino también acerca de sus sentimientos y de cómo cree que se sintieron las otras personas.

- Ver lo positivo. Muchas veces gastamos más tiempo en hacerles ver todo lo malo que hacen en lugar de apreciar todas sus cualidades. El hecho de que una vez haya cometido un error no lo hace ser una mala persona.

- Schmill (2003) propone elaborar con tu hijo una lista de acciones concretas para reparar el daño físico o moral ocasionado a otros o a uno mismo, así como estar pendientes de que esas acciones se realicen.

Nos gustaría cerrar este capítulo con una reflexión de Dorothy, L. Notle, citada por Gerardo Mendive (1999, p. 61):

Los niños aprenden lo que viven

Si un niño vive con reprobación, aprende a condenar.

Si un niño vive con hostilidad, aprende a pelear.

Si un niño vive con temor, aprende a ser aprensivo.

Si un niño vive con compasión, aprende a sentir lástima de sí mismo.

Si un niño vive con burla, aprende a ser tímido.

Si un niño vive con celos, aprende lo que es la envidia.

Si un niño vive con vergüenza, aprende a sentirse culpable.

Si un niño vive con tolerancia, aprende a ser paciente.

Si un niño vive con estímulo, aprende a tener confianza en sí mismo.

Si un niño vive con alabanza, aprende a apreciarse.

Si un niño vive con aprobación, aprende a gustarse.

Si un niño vive con aceptación, aprende a encontrar amor en el mundo.

Capítulo 11

PAPÁS Y MAESTROS: UN EQUIPO A FAVOR DEL NIÑO

Antes

Ahora

Introducción

La escuela de nuestros hijos se vuelve un tema cuando tenemos que elegir una para inscribirlos.

Ideamos en nuestra mente una escuela casi perfecta, no sólo que tenga lo mejor, sino que sea la mejor: buen nivel académico, buenos profesores, buen sistema de enseñanza, buenas instalaciones, buena ubicación, etcétera.

Cuando consideramos que las características ideales están reunidas en ese lugar, comienza no sólo la educación escolarizada de nuestros hijos sino que, con ella, se gestará una relación paralela que crecerá y se desarrollará durante el tiempo que ellos permanezcan en la institución; nos referimos a la relación que nosotros, padres de familia, tenemos que llevar con las personas que laboran en el plantel educativo: desde el director y su equipo de dirección, hasta el personal administrativo; por supuesto que la figura central de nuestras relaciones serán los maestros de nuestros hijos.

Sin embargo, esta relación tan importante, suele pasar inadvertida para muchos padres de familia que tienen la creencia de que, una vez que los hijos entran por la puerta de la escuela, lo que en ella ocurra no es responsabilidad suya y, desde esta óptica, lo que sucede con la escuela es lo mismo que con un taller mecánico: el cliente llega, deja su coche, el mecánico se encarga de él y posteriormente el cliente pasa a recogerlo. Si algo falla con el coche después de esa revisión, la culpa la tiene el mecánico que no supo arreglarlo bien.

Siguiendo el símil, lo que ocurra con los hijos durante su educación escolarizada, no sólo compete al maestro; nos involucra a nosotros, padres de familia, por el hecho de que son nuestros hijos y nosotros sus padres. Así de simple. Lo que sucede en la escuela es que esta relación se triangula para dar cabida en ella a un nuevo elemento: el maestro. Con esto no queremos decir que forzosamente debemos convertirnos en amigos de los maestros, se trata de entrar en relación con ellos para formar un equipo a favor de nuestros hijos.

Tomándonos el pulso

Reflexiona en las siguientes preguntas, para determinar si te sientes parte de este equipo y cómo está funcionando:

- ¿Consideras necesario mantener comunicación con el maestro de tu hijo? ¿Por qué?

- ¿Cuáles son los motivos que te llevarían a solicitar una entrevista con el maestro?

- ¿Qué piensas cuándo el maestro te solicita hablar contigo?

- ¿Involucras a tu hijo? ¿De qué manera?

- ¿Consideras relevante participar en actividades de la escuela?

La educación escolarizada es un proceso que funciona mejor cuando todos los participantes colaboran entre sí en un clima de respeto, confianza, aceptación y colaboración.

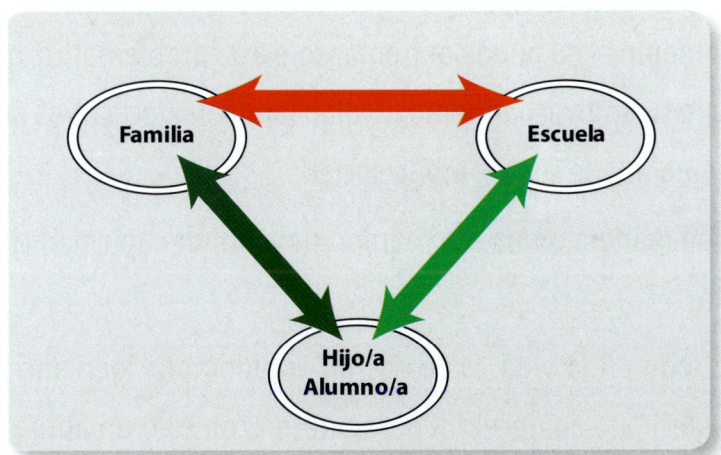

El equilibrio de este proceso puede verse perturbado por muchas causas. Una de ellas es el hecho de que nuestro hijo presente una "barrera para aprender", es decir, que se le dificulte el aprendizaje de la lectura o de la escritura, o de las matemáticas, o que se disperse demasiado y no logre atender las explicaciones e indicaciones del maestro, o que sea muy inquieto y le resulte difícil permanecer sentado en su lugar durante la clase y guardar silencio, o bien porque hay alteraciones en la dinámica familiar; por ejemplo, si sus papás se divorciaron, murió un ser querido o nació un nuevo hermanito, o quizá porque tiene compañeros de clase que lo molestan y estar pensando en el daño que le causan provoca que su atención y disposición para aprender se vean disminuidas.

Cuando tienen lugar una o varias de estas situaciones, el proceso de aprendizaje se ve alterado, como lo hemos visto a lo largo de este libro. Entonces nuestros hijos requieren del apoyo de su equipo: maestro y papás. En ese momento él no puede enfrentar solo esta problemática, que si bien se refleja en su aprovechamiento escolar, también afecta otros ámbitos de su vida, como puede ser el ámbito social.

¿De qué manera opera este equipo para brindar apoyo eficiente y eficaz al niño?

Como todo en la vida, las cosas no suceden por "generación espontánea", es decir, no aparecen ni desaparecen con sólo un abrir y cerrar de ojos. Todo sigue un *proceso* y cada proceso sigue su tiempo y los tiempos son diferentes en cada persona, dependiendo de sus circunstancias de vida, de su historia, de las herramientas con las que cuente para hacer frente a los problemas, etcétera. Esto vuelve un tanto compleja la manera de operar para este equipo en favor del niño.

El objetivo de este capítulo es precisamente facilitar el modo de proceder y conocer de antemano lo que suele ocurrir cuando surgen dificultades como las descritas. El conocimiento es, por sí mismo, una herramienta que contribuye a una resolución favorable de los conflictos; es mejor estar enterados en lugar de que la ignorancia nos gane la carrera y en el camino surjan contratiempos que pudieron resolverse si tan sólo hubiéramos sabido que eso pasa…

Con este ánimo, conozcamos qué sucede en el proceso que sigue el equipo de los padres y maestros en favor del niño.

Vamos a hacer rápidamente un recorrido en retrospectiva para comprender el impacto que causan en los padres las dificultades que los hijos presentan en la escuela, el proceso que siguen, las reacciones que se van dando en el camino, los apoyos que se sugiere tomar para hacer frente a la problemática, las posibles soluciones y, entre ellas, se hará mención especial a la alianza de trabajo que es necesario formar con los maestros.

De las expectativas y los sueños a la aceptación genuina y realista

Cuando nuestros hijos nacen tenemos para ellos grandes expectativas:

Deseamos que sean

Inteligentes…   Deportistas…   Guapos…

¿y qué sucede si esas expectativas no se cumplen?

Se vale soñar e imaginarnos que nuestros hijos serán o dejarán de ser de un modo u otro. El problema es cuando nos aferramos a que eso se cumpla sin tomar en cuenta a nuestro hijo. ¡Cuidado! Cuando esto ocurre nos cegamos, dejamos de ver sus cualidades, sus habilidades, lo que le gusta o disgusta, porque sólo lo miramos a través de esas expectativas que probablemente responden a nuestras necesidades personales insatisfechas y no a las necesidades reales de nuestros hijos.

Sin embargo, pese a que no nos aferremos de esa manera a nuestros sueños y seamos capaces de mirar a nuestro hijo tal cual es, el hecho de enterarnos que tiene problemas en la escuela, causa un impacto afectivo en los padres.

Adentrémonos en este proceso acompañando a la mamá de Romina, una niña de primero de primaria que presentaba problemas de atención e hiperactividad. Sigamos de cerca su experiencia.

Aquella mañana la mamá de Romina se presentó en la escuela de su hija; la maestra la había citado el día anterior porque quería hablar "urgentemente" con ella sobre el comportamiento de Romina en el salón de clases.

*La notificación la dejó ansiosa toda la tarde. Preguntó a Romina una y otra vez qué era lo que hacía en el salón, pero las respuestas de la niña la exasperaron más. Ella sabía que Romina era inquieta, pero la palabra "urgentemente" retumbaba en su interior y empezó a temer lo peor. La ansiedad se convirtió pronto en angustia, la angustia en enojo y... ¡ya se imaginarán qué **tardecita** pasaron Romina y su mamá!*

Cuando la maestra llegó a la entrevista, traía consigo algunos cuadernos de Romina y comenzó a mostrarle a la mamá las hojas en blanco que había en ellos porque Romina no trabajaba; en lugar de ello, pasaba la mayor parte del tiempo yendo de un lugar a otro del salón y, cuando por fin lograba sentarse, tampoco podía llevar a cabo la actividad que se había indicado: resolver las sumas o colorear la casa, pues apenas comenzaba, interrumpía el trabajo y éste se quedaba inconcluso porque Romina atendía otros asuntos que nada tenían que ver con la clase: abría su mochila para buscar algo o abría las mochilas de sus compañeros. El caso era que no trabajaba.

La mamá de Romina escuchó el relato descriptivo sobre la conducta de su hija y empezó a sentirse cada vez más y más molesta. Su creciente malestar recayó sobre la maestra: "Será que usted no puede controlar a sus alumnos maestra, ése es su trabajo; yo me encargo de mi hija en la casa, pero aquí es su responsabilidad. Conmigo también es inquieta, pero hace lo que le pido. Si no puede usted con mi hija voy a pedir un cambio de maestra para que Romina aprenda y trabaje."

Afortunadamente la maestra escuchó a la mamá de Romina sin echarse encima el enojo de la señora. Cuando expresó su amenaza de cambiarla de salón, la maestra volvió a tomar la palabra y con calma, comprendiendo que para la mamá de Romina era difícil aquel momento en el que hablaban de las dificultades de su hija, le fue explicando qué era lo que podría estar causando esa conducta; el conocimiento dio paso firme y su entrada permitió que la conversación se volviera más objetiva, sin que ninguna de las dos se tomara de manera personal el discurso de la otra.

Las evidencias llevaron a la mamá de Romina a reconocer que, en efecto, su hija tenía un problema para permanecer quieta y mantener su atención.

Ahora ya no estaba molesta con la maestra, se sentía culpable: "¿Qué hice mal? —pensaba—. ¿En qué me equivoqué con Romina? No he sabido educarla". Y la atormentaban otras ideas catastróficas: "Mi hija será un desastre." "No podrá estar en la escuela." "¿Qué va a ser de ella?".

La maestra facilitó a la mamá de Romina información relevante sobre el tema para que ella pudiera consultarla pero, sobre todo, sugirió que Romina fuera llevada con un especialista para que les explicara, tanto a los padres como a Romina, el porqué de *su conducta y ofreciera, al mismo tiempo, algunas estrategias que pudieran servir tanto a la niña como a los padres para tenerlas en cuenta en casa y para la maestra, de manera que, juntos, como equipo, pudieran enfrentar esta situación de la mejor manera.*

La mamá de Romina comprendió que su hija necesitaba de su apoyo y optó por trabajar para brindárselo. "Si mi hija tiene un problema, voy a hacer todo lo que esté a mi alcance para ayudarla a enfrentarlo."

Esa tarde, la mamá de Romina habló con su hija sobre lo que había pasado en la entrevista con la maestra y la niña se percató de que su mamá la quería muchísimo, y se sintió segura de ese amor. Desde ese arropamiento, fue mucho más fácil para Romina enfrentar su problemática, hacerle frente y aprender a vivir con ella.

Enlistemos ahora las fases por las que pasó la mamá de Romina:

Fases del proceso de duelo

De acuerdo con Frade (2006) las fases del proceso de duelo que viven los padres son:

1. *Negación o rechazo*

- Cuesta trabajo aceptar que "mi hijo" presente algún problema.

- Suelo echarle la culpa a los demás (maestro, médico, etcétera) de la conducta que presenta mi hijo.

- Experimento mucho enojo y sentimientos negativos.

¿Qué hacer?

- Escuchar de manera objetiva al maestro cuando explica por qué piensa que el alumno presenta un problema.
- No tratar de buscar culpables.
- No tomarlo de manera personal.

2. Aceptación - Depresión - Culpa: destructiva o reparatoria

Se acepta que se tiene un problema cuando es innegable, pero se piensa que es el fin del mundo.

Reacciones

- Hablar reiteradamente del problema.
- No tocar el tema.
- Buscar a quién echarle la culpa.

¿Qué hacer?

- Informarse acerca del problema.
- Buscar ayuda dentro y fuera de la escuela.
- Avisar a la escuela para trabajar en conjunto.

3. Aceptación realista y superación

Es el momento de la esperanza, cuando por fin se encuentran soluciones concretas y prácticas.

¿Qué hacer?

- Tener comunicación tanto con el maestro como con los diversos especialistas para buscar en conjunto estrategias de solución.

- Seguir las recomendaciones que brinde cada uno.

- Llevar un seguimiento.

- Encuentra las fortalezas de tu hijo ya que ellas le ayudarán a salir adelante.

"Si juzgas a un *pez* por su habilidad para *escalar un árbol,* pasará toda su vida pensando que es un estúpido." Albert Einstein.

El pez no podrá subir un árbol, pero sí surcar los mares.

Una opción para el cambio

De acuerdo con la Programación Neurolingüística (PNL), un *sistema* es una totalidad formada por partes interconectadas con una meta en común.

Ejemplos de sistemas

El cuerpo humano, una familia, un país, una pareja, una organización, un equipo de personas, una sociedad, etcétera, son ejemplos de sistemas.

Lo más importante en un sistema no son sus partes, sino las diferentes interrelaciones que cada parte tiene con las demás. De ahí que la relación que tienen tu hijo, su maestra y tú forman un sistema, en el que tú te relacionas con las otras dos partes (maestra e hijo); a su vez la maestra se

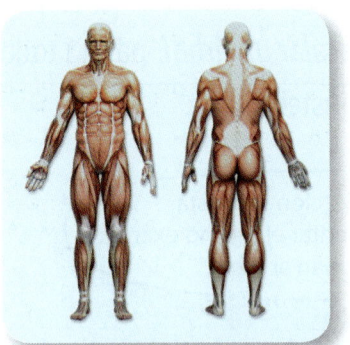

relaciona contigo y con tu hijo y éste se relaciona con las dos. Este sistema funciona por una meta en común: el bienestar de tu hijo.

Si hasta ahora este sistema ha funcionado adecuadamente, eso está muy bien. Pero si lo que queremos es que el sistema se modifique, tenemos que hacer algún cambio.

¿Qué podemos hacer para modificar el sistema?

- Un cambio en una parte del sistema afecta a las demás (una red).

- Cada vez que se introduce un cambio en un sistema hay resistencia. Ésta proviene de todas las partes a las que está vinculada la parte que cambia, porque no tiramos sólo de ésta, sino de todos los demás hábitos y experiencias a los que está vinculado.

- El cambio es fácil si identificamos las conexiones adecuadas; saber dónde intervenir para obtener un gran resultado con un pequeño esfuerzo.

Un cambio podría ser algo tan simple como modificar la forma en la que te diriges a la maestra de tu hijo. Por ejemplo, si todas las mañanas, cuando lo llevas a la escuela le volteas la cara a la maestra porque consideras que "a mi hijo le está yendo mal en calificaciones, ya que seguro trae algo contra él", estarás mostrando una actitud que afecta tu relación con la maestra. En el fondo nosotros sabemos que no es así. Tratemos de hacer este pequeño cambio, movernos de lugar en este sistema en el que en cuanto tu hijo se despide de ti y camina hacia su salón, tú te aseguras de que la maestra te vea cuando le volteas la cara, y todos los días es lo mismo, y así se ha dado este sistema con la maestra. Pero si un día, en lugar de voltearle la cara, la saludas y le deseas que tenga un lindo día, ¿cómo crees que reaccione ella? Tu pequeño cambio va a hacer que la maestra responda de manera diferente a tu saludo y es muy probable que su comportamiento durante el día se vea modificado.

Haz un pequeño *cambio* (moverte de lugar) en el *sistema* de la escuela: para tratar de volverte *aliada* de los maestros, con el fin de que este sistema funcione de diferente manera, teniendo como *meta común* el bienestar de nuestros hijos. Lo importante es identificar las conexiones adecuadas y marcar una pauta diferente. ¡Hacer este movimiento está en cada uno!

Si tú eres quien quiere un cambio, no esperes a que los otros lo hagan, empieza por ti mismo, sé tú la pieza del sistema que se va a mover para que éste se modifique. Y en muchas ocasiones el cambio debe empezar dentro de ti.

Una herramienta: la entrevista con los maestros

Ésta es una gran herramienta para mantener y mejorar el sistema formado por tu hijo, su maestra y tú.

¿Cómo preparar la entrevista con los maestros?

- Conversa con tu hijo antes de la reunión para recabar información y evitar que él se angustie. Seguramente cuando sepa que te citaron o que solicitaste una cita va a tener miedo; habla con él lo más que puedas, dándole la información pertinente.

- Haz una lista de tus inquietudes y no olvides llevarla: comportamiento, relación con él y sus compañeros, avances y dificultades, etcétera.

- Explica tus dudas con ejemplos: puedes apoyarte en sus cuadernos, trabajos, tareas, etcétera.

- Si buscas apoyo específico, anótalo y comunícalo; es importante corroborar si está dentro de las posibilidades de la escuela brindarlo a tu hijo.

Durante la entrevista

- Inicia con un trato cordial.

- Habla acerca de tu hijo: comportamiento en la casa, intereses, preferencias, dificultades, esfuerzo que muestra para estudiar y hacer las tareas, tiempo libre, amigos, etcétera.

- Pregunta al maestro sobre el avance de tu hijo en sus estudios, su relación con sus compañeros, con el maestro, su actitud, comportamiento en el salón, trabajo en equipo, etcétera.

- Si tú solicitaste la cita, explica el motivo: pon al maestro al tanto de la situación que te preocupa.

- Si el maestro la solicitó, escucha su motivo, sin prejuzgar ni predisponerte negativamente.

- Escucha las propuestas del maestro y lo que se hará en la escuela.

- Pregunta en cuáles aspectos puedes apoyar en casa.

- Revisa con el maestro qué aspectos pueden atenderse de inmediato (en caso de que se sospeche de problemas visuales, cita con el oftalmólogo; cambiarlo de lugar en el salón de clases, etcétera).

- Demuestra que estás al tanto del desempeño de tu hijo en la escuela.

- Anota los acuerdos de la reunión en un cuaderno.

Evaluación de la entrevista

- Resaltar la información que resultó significativa durante la entrevista.

- Enlistar los acuerdos a los que se llegó con el maestro y los compromisos posteriores a la entrevista.

- Llevar un seguimiento. Pueden usar una libreta especial o un calendario donde anoten las fechas acordadas.

- Mantener la comunicación con el maestro por diferentes vías: libreta de tareas, mensajes, etcétera.

- Platicar con tu hijo sobre:

  a) El contenido y resultado de la entrevista, sea que él haya estado presente o no.

  b) El plan de acción diseñado con el maestro; explícale en qué consiste y cuál será el beneficio para él.

  c) Pide su opinión y ponte de acuerdo con él para llevar a cabo el plan.

Propuesta

- Haz equipo con los maestros.

- ¡Conviértelos en tus aliados!

Recuerda que el mayor beneficiado de este equipo será tu propio hijo.

Si no ha funcionado hasta ahora:

- ¡Cámbiate de lugar! ¡Sé innovador!

- No esperes que ellos cambien.

- Hazlo tú primero.

¿CONOCES BIEN A TU HIJO?

Muchas veces creemos que sabemos todo sobre nuestros hijos y puede ser que nos equivoquemos. Te invitamos a que contestes el siguiente cuestionario y después le hagas las preguntas a ellos.

Comparen juntos sus respuestas, como una buena forma de acercarte más a ellos.

	RESPUESTA DE MAMÁ O PAPÁ	RESPUESTA DEL HIJO
¿Quién es su mejor amigo?		
¿Tiene algún apodo?		
¿Cuál es su canción preferida?		
¿Qué es lo que más le avergüenza?		
¿A qué le tiene mayor temor?		
¿Cuál es su deporte favorito?		
¿Cuáles son sus materias favoritas en la escuela?		
¿Cuál es la materia que menos le gusta?		

TIPS PARA APOYAR A TUS HIJOS EN EDAD ESCOLAR

	RESPUESTA DE MAMÁ O PAPÁ	RESPUESTA DEL HIJO
¿De cuál de sus logros se siente más orgulloso?		
¿Qué es lo que más le gusta de la familia?		
¿Qué es lo que menos le gusta de la familia?		
¿Cuál es su programa de televisión preferido?		
Si pudieras comprarle cualquier cosa, ¿qué elegiría?		
¿Qué es lo que más lo hace enojar?		
¿Quién es su maestro favorito?		
¿Siente que es apreciado por sus compañeros de la escuela?		
¿Qué le gustaría ser cuando crezca?		
¿Cuál ha sido su mayor decepción?		
¿Cuál de los regalos que le has dado aprecia más?		
¿Qué acontecimiento familiar recuerda con más cariño?		
¿Qué vacaciones preferiría: acampar, conocer una ciudad famosa o ir a la playa?		
¿Cuál es su comida preferida?		
¿Está contento en su escuela?		
¿Qué cosas disfruta hacer contigo?		

Adaptado de *De apapachos y límites. Antología de lecturas para padres y madres,* Gerardo Mendive, México, 1999, p. 46.

Anexo 2

TIPS PARA VACACIONES Y TIEMPO LIBRE

Las vacaciones escolares generalmente son un tiempo de descanso en el que aprovechamos para hacer actividades fuera de la rutina; sin embargo, estos momentos también pueden causarnos algunas tensiones cuando nos toman por sorpresa.

Para nuestros hijos, las vacaciones suelen parecer un periodo muy corto, mientras que para nosotros pueden convertirse en uno muuuy largo. Por eso es conveniente planear y organizar este periodo y convertirlo en la oportunidad para disfrutar juntos momentos de esparcimiento y juego, así como de actividades recreativas y divertidas. Esto, en sí mismo, es un alimento maravilloso para las relaciones afectivas entre padres e hijos.

Las vacaciones son también una buena oportunidad para desarrollar en nuestros hijos diferentes habilidades que les ayudarán no sólo reiniciar el periodo escolar, sino crecer sanos en todos los aspectos.

Proponemos cuatro áreas a desarrollar:

1. Coordinación motriz gruesa.
2. Coordinación motriz fina.
3. Habilidad intelectual.
4. Trabajo de equipo en el hogar.

1. Desarrollo de la coordinación motriz gruesa

Esta habilidad es importante para realizar movimientos voluntarios con un propósito; como vimos anteriormente, es vital para tener control sobre nuestro cuerpo, lo que nos permitirá emprender adecuadamente diferentes actividades.

Aquí te presentamos algunos ejemplos que ayudarán a favorecer esta habilidad:

Andar en bicicleta. Hay quien cuenta con espacio en casa para ello. De no ser así, lleven a sus hijos al parque, o a un lugar abierto adecuado para realizar esta actividad. Conviene inculcar el hábito de usar casco, dado que puede salvarlos de un duro golpe.

Caminar. Este buen hábito se puede realizar en tu colonia. En vez de utilizar algún transporte para hacer un encargo, pueden ir caminando, o propongan paseos para estar en contacto con la naturaleza y realizar caminatas.

Realizar deportes. En muchos lugares se organizan cursos de verano, a un costo accesible, donde tus hijos pueden practicar una gran variedad de deportes como: karate, volibol, natación, futbol, etcétera.

Juegos al aire libre. Por ejemplo: "escondidillas", "bote pateado", "policías y ladrones", "encantados", "quemados", "las traes", brincar la cuerda, "resorte", "lo que hace la mano, hace la tras", "cebollitas", "salto del burro", "la vieja Inés", etc. Y para los más pequeños podemos rescatar juegos como "la víbora de la mar", "doña Blanca", "amo-a-to", etc. Estos juegos no sólo son divertidos, sino que además favorecen la socialización y promueven acatar reglas, esperar turnos y la convivencia con niños de diferentes edades.

En el parque se pueden recolectar: ramitas, hojas, piedras, etc., después se clasifican o se forman figuras con ellas.

Permitan que sus hijos corran, jueguen, se suban a diferentes juegos como resbaladillas, columpios, sube y baja, etcétera.

2. Desarrollo de la coordinación motriz fina

Como vimos en capítulos anteriores, esta habilidad ayudará a nuestros hijos a realizar actividades como abrocharse un botón, peinarse, amarrarse las agujetas y mejorar su escritura.

Para esas tardes lluviosas en casa, en lugar de que nuestros hijos pasen el día entero viendo TV sugerimos realizar actividades como:

Moldeado en plastilina o hacer "masa" casera: podemos comprar moldes (parecidos a los de las galletas) para que formen diferentes figuras.

Recortar revistas o periódicos para crear un mural: hay que dejar que elijan un tema de su interés como animales, plantas, etc. Para que realicen el mural es muy importante que cuenten con un espacio para que lo exponga. Puede ser en su cuarto o en algún lugar de la casa, ya que todo artista necesita poder mostrar su obra.

Colorear: hay libros especializados para ello o se le pueden proporcionar hojas blancas o un cuaderno. Esta actividad también es muy útil cuando salimos de casa a visitar a otras personas, ya que ayuda a que nuestros hijos estén entretenidos, sentados, e incluso nos permitan platicar.

Decorar cajas de cartón: se pueden conseguir de todo tipo y tamaño, desde la caja de gelatina, la del cereal, o más grandes aún, que pueden usarse para organizar material de escritorio o juguetes. Pueden decorarse con papel lustre, recortes, acuarelas, diamantina, etcétera.

Utilizar cajas de cartón desdobladas, cartulina, cartoncillo o pliegos de papel manila y pegarlos en la pared a modo de un pizarrón para pintar.

Pegar semillas para rellenar con ellas figuras delineadas previamente: una casa, un árbol, un carro, etc., en lugar de colorearlas.

Rasgar papel periódico, o cualquier otro tipo de papel para reciclar.

Hacer bolitas de papel crepé utilizando los dedos índice y pulgar: después se pueden rellenar dibujos con ellas.

Enseñarlos a tejer con aguja o gancho: vayan juntos a comprar el material y permitan que ellos elijan qué quieren hacer.

Cocinar: esta actividad les permite desarrollar una gran cantidad de destrezas. Pueden decorar un pastel, hacer galletas, batir huevos, etcétera.

Usar la espalda del niño como pizarrón para trazar en ella letras, números, figuras, etc., con la intención de que las reconozca, tal como lo ejemplificamos en el capítulo 5 al hablar de la escritura. Además, este ejercicio propicia un acercamiento especial entre la mamá y el hijo, o el papá y el hijo, pues la estimulación sensorial del trazado en la espalda es además placentera (como un "masajito"). Es importante también dejar que el niño trace letras o números en la espalda de la mamá. Se puede jugar de muchas maneras. Conviene sobre todo con los más pequeños indicar el campo que se elegirá para jugar: letras, números o figuras:

a) Se pueden escribir previamente las letras o números en un cuaderno (en grande y con buen espacio) para que el niño identifique y señale cuál le han trazado en la espalda.

b) Se puede adivinar también lo que le han trazado en la espalda sin esta visualización de apoyo.

c) Se puede usar la espalda como un solo pizarrón, o dividirla en cuatro cuadrantes: arriba a la izquierda, arriba a la derecha, abajo a la izquierda o abajo a la derecha. Y que el niño adivine en cuál de los cuadrantes se le marcó el dibujo.

d) Estos cuadrantes pueden hacerse aún más elaborados siguiendo el esquema del "juego de gato", con lo que se aumentan espacios: "en medio arriba", "en medio abajo", "en medio a la izquierda", "en medio a la derecha".

3. Desarrollo intelectual

Es importante que ejerciten las neuronas, activar su cerebro y ponerlo a trabajar. Sugerimos actividades como:

Contarles cuentos: pueden ser inventados, e incluso basados en su propia historia. Los más pequeños, sobre todo, disfrutan escuchando la historia de una princesa que tiene su mismo nombre, o la de un héroe que tiene como mascota un perro igual al suyo; también se les puede pedir que ellos inventen un final inesperado, o contar cuentos conocidos y actuarlos o representarlos con guiñoles.

Leer, leer y leer: no importa qué. Pueden ser cuentos, recados, noticias, etc., ya sea que se los leamos o que ellos mismos lo hagan.

Enseñarles chistes: el buen humor es muy importante. No olviden recordarles que se los cuenten a sus amigos, tíos y abuelos.

Aprender trabalenguas y adivinanzas: como ya hemos comentado, ayuda a favorecer su expresión verbal y su memoria.

Escribir cartas o hacerles algún dibujo a familiares y amigos: con esta actividad además les enseñamos a demostrar su afecto dando algo hecho por ellos mismos.

Jugar "veo-veo": adivinar lo que es, dando la inicial y la letra con la que termina, o alguna característica si son más pequeños, por ejemplo "veo veo un animal que empieza con la letra 'l' y vive en la selva…".

Jugar en familia diversos juegos de mesa: "turista", "memorama", "serpientes y escaleras", "dominó", "ajedrez", "lotería", etcétera.

Como vimos en el capítulo 5 podemos jugar con nuestros hijos juegos con lápiz y papel como: "ahorcados", "timbiriche", "gato", etcétera.

Realizar acertijos matemáticos: hay libros especializados o ustedes pueden inventar un problema a partir de situaciones de todos los días y pedir a sus hijos que den soluciones.

Armar rompecabezas: puede ser una actividad familiar, para lo cual sería importante elegir uno grande. Emplear distintos momentos del día para completarlo.

Hacer un *rally* en casa: inviten a varios niños y pongan diferentes actividades como las que hemos descrito (resolver crucigramas, contar un chiste, etc.) y pasar una tarde muy divertida.

4. Trabajo de equipo en el hogar

¿Cómo hacer que los niños colaboren en las tareas de la casa? Pues las vacaciones dan una oportunidad estupenda para retomar las actividades de ayuda en el hogar, dado que se dispone de más tiempo para realizarlas.

No se trata de repartir tareas y regañarlos cuando no las cumplen. El reparto se hace pensando en cuál puede ser más educativa para cada hijo, según sus aptitudes y gustos personales.

No se recomienda ofrecer recompensas por ordenar y limpiar, pues haría estas tareas por la recompensa y no por la conciencia del valor que se desea inculcar como el orden, o el beneficio del trabajo en equipo para un bienestar común, ya que es responsabilidad de todos que la casa esté en orden, limpia y sea un lugar agradable siempre.

Puedes inventar, si es pertinente, una frase motivadora, por ejemplo: "Aquí vivimos en un hogar, no en un hotel", o "Somos el equipo…", o "Lo hago por servir, no por cumplir".

Actividades

Hacer limpieza general: podemos aprovechar para pedir ayuda y limpiar aquellos lugares que por falta de tiempo sólo limpiamos "por encimita". Por ejemplo, en la cocina podemos sacar las latas y revisar la fecha de caducidad, limpiar los estantes, etcétera.

Hacer la cama: cada quien puede responsabilizarse de tender la suya y no salir del cuarto sin que esté bien hecha. Aquí podemos incluir actividades como doblar la pijama, ordenar la habitación, limpiar y ordenar el baño y recoger la ropa.

Recoger todo lo que se haya usado para entretenerse: videos, CD, video-juegos, libros, colores u otro material.

Revisar la ropa para encontrar desperfectos y pedir ayuda para arreglarla: podemos aprovechar para enseñarles a pegar un botón o coser algún dobladillo.

Arreglar y limpiar sus armarios: acomodando juguetes, ropa, zapatos y aprovechar para retirar lo que ya no se usa. Se pueden usar las cajas que adornaron anteriormente para guardar cosas como muñecos, listones, estampas, etcétera.

Revisar la ropa que ya no les quede o que esté muy deteriorada, esta última puede usarse para jugar o decorar o vestir a un muñeco.

Tareas que pueden rotarse cada semana, dependiendo de la edad y capacidades individuales:

- Poner y quitar la mesa.

- Barrer.

- Sacar la basura.

- Limpiar el polvo.

- Repartir ropa limpia en cada cama, doblarla y guardarla.

- Alimentar a la mascota, sacarla a pasear, asearla y mantener aseado el espacio que ocupe, así como si ensucia en otro lugar.

- Revisar qué hace falta en la despensa y ayudar a hacer la lista de las compras.

- Participar en el menú o en la elaboración de los alimentos.

- Lavar, secar y guardar los platos.

- Inventa con tus hijos comidas originales.

- Juntar papel periódico, botellas o envases para reciclar.

Se puede hacer un calendario y anotar ahí el día y la persona encargada de la actividad. Buscar hacerlo de manera atractiva para que funcione, por ejemplo: permitir que escuche música mientras trabajan o realizar las labores entre dos o más personas, aprovechando que ahí pueden platicar y convivir. La idea es que no se vea como algo tedioso que hay que hacer, sino como algo entretenido que además nos dará un beneficio a todos los que vivimos en la casa.

Bibliografía

Alliende, Felipe, Mabel Condemarín, Mariana Chadwick, Neva Milicic (2004). *Comprensión de la lectura 1. Fichas para el desarrollo de la comprensión de la lectura, destinadas a niños de 7 a 9 años,* Edit. Andrés Bello, Chile.

Bailey, Becky (2001). *Edúquelos con amor. Siete habilidades para convertir los conflictos en cooperación,* Prentice Hall, México.

Barocio, Rosa (2004). *Disciplina con amor. Cómo poner límites sin ahogarse en la culpa,* Editorial Pax, México.

Bassedas, Eulalia, Teresa Huguet, Maite Marrodán, Marta Oliván, Mireia Planas, Montserrat Rossell, Manuel Seguer y Maria Vilella (2000). *Intervención educativa y diagnóstico psicopedagógico*, Paidós, España.

Bauermeister, José J. (2014). *Hiperactivo, impulsivo, distraído. ¿Me conoces? Guía acerca del déficit atencional (TDAH) para padres, maestros y profesionales,* The Guilford Press, New York.

Bautista, Rafael (2002). *Necesidades educativas especiales,* Ediciones Aljibe, España.

Brites de Vila, Gladys y Ligia Almoño de Jenichen(2006). *Inteligencias múltiples,* Editorial Bonum, Argentina.

Cobo, Paloma y Romeo Tello (2008). *Bullying en México. Conducta violenta en niños y adolescentes,* Editorial Lectorum, México.

_____ (2011). *Acosados. Lo que los padres y maestros deben saber sobre el bullying,* Larousse, México.

Crispín Bernardo, María Luisa, Guadalupe Sarvide Álvarez Icaza, Martha Yolanda Castelán, 2001. *Mi cuaderno de redacción*, Esfinge, México. Divinyi, Joyce (2013). *Disciplina, no castigo: Cinco pasos que sí funcionan,* Panorama, México.

DSM-IV-TR (1995). *Manual diagnóstico y estadístico de los trastornos mentales,* Masson, Barcelona.

Faber, Adele, Elaine Mazlish (1980). *Cómo hablar para que los niños escuchen y cómo escuchar para que los niños hablen*, Edivisión, México.

Fernández, Isabel (2003). *Prevención de la violencia y resolución de conflictos. El clima escolar como factor de calidad,* Editorial Narcea, Madrid.

Fernández, María Fernanda, Ana María Llopis, Carmen Pablo (1983). *Fichas de recuperación de la dislexia,* CEPE, S.A., México.

Ferrari, Regina y Karla Pérez-Gil del Valle (2006, 2007). *Apuntes de trabajo del grupo de padres de la Sociedad Mexicana de Déficit de Atención e Hiperactividad, SMDAH,* México.

Ferrero, Luis (1991). *El juego y la matemática,* La Muralla, Madrid.

Frade Rubio, Laura (2006). *Déficit de atención e hiperactividad,* Vol. 1, Fundación Federico Hoth, A.C., Proyectodah, México.

Gadea, Luis (1992). *Escuela para padres y maestros,* Luis Gadea de Nicolás, México.

García Davids, Gretel y Eduardo Torrijos Ocádiz (2001). *Juegos con lápiz y papel*, Selector, S.A. de C.V., México.

García Vidal, Jesús y Daniel González Manjón (1998). *Evaluación e informe psicopedagógico. Una perspectiva curricular,* Vol. 2. EOS, España.

___ (2002). *Manual del Docente*, Cultural, S.A. España.

___ (2006). *Problemas de aprendizaje. Soluciones paso a paso*. Tomo 1. Ediciones Euroméxico, S.A. de C.V., España.

Goleman, Daniel (1995). *La inteligencia emocional*, Javier Vergara Editor, México.

González,Irma *et al*. (1980). *Métodos de estudio,* Siglo Nuevo Editores, México.

Gordon, Thomas (1977). *P.E.T. Padres Eficaz y Técnicamente Preparados*, Editorial Diana, México.

Janin, Beatriz *et al*. (2005). *Niños desatentos e hiperactivos,* Colección Conjunciones, Ediciones Novedades Educativas, Argentina.

López, María Elena y María Fernanda González (2004). *Inteligencia emocional,* Tomo I, Ediciones Gamma, S.A., Colombia.

BIBLIOGRAFÍA

Mendive, Gerardo (1999). *De apapachos y límites. Antología de lecturas para madres y padres,* Gerardo Mendive, México.

Miranda, Ana, Carmen Fortes y María Dolores Gil (2000). *Dificultades del aprendizaje de las matemáticas. Un enfoque evolutivo,* Ediciones Aljibe, Málaga.

Nieto, Margarita (1988). *El niño disléxico. Guía para resolver las dificultades en la lectura y escritura,* La Prensa Médica Mexicana, S.A., México.

Ortega, Rosario, Rosario del Rey y Paula Gómez (2002). *Estrategias educativas para la prevención de la violencia: Mediación y diálogo. Guía de orientación,* Editorial Cruz Roja Juventud, España.

Otis, Sharon (2003). *Niños difíciles. Una guía para consejeros y padres de un niño difícil o con una situación complicada,* Panorama Editorial, México.

Pearce, John (1995). *Ansiedades y Miedos,* Paidós, España.

Prekop, Jirina (2013). *El amor que apoya. Sabiduría sobre la educación,* Instituto Prekop, México.

Prieto Sánchez, María Dolores y Carmen Ferrándiz García (2001). *Inteligencias múltiples y currículum escolar,* Ediciones Aljibe, España.

Rincón Gallardo, Laura y Elvira Halabe Cherem (2013). *Escuela del amor para la familia,* Instituto Prekop, México.

Sánchez Cerezo, Sergio (1989), *Diccionario Enciclopédico de Educación Especial,* tomos 1 y 2, Ed. Santillana, México.

Schmill, Vidal (2003). *Disciplina inteligente.* Producciones Educación Aplicada, S. de R.L. de C.V., México.

Shapiro, Lawrence E. (1997). *La inteligencia emocional de los niños. Cociente intelectual,* Javier Vergara Editor, México.

Uribe, José, Alejandra Velasco (2013). *Estamos creando monstruos,* Picolo Editorial, México.

Val J., Peter (2006). *Cómo lidiar con los siete problemas mayores de sus hijos,* Panorama, México.

Valett, Robert (1992). *Biblioteca de la educación especial. Dislexia,* Vol. 1, Ediciones CEAC, España.